ନୀଳ ସରସ୍ବତୀ

ନୀଳ ସରସ୍ୱତୀ

ଦେବଦାସ ଛୋଟରାୟ

BLACK EAGLE BOOKS
2019

BLACK EAGLE BOOKS

7464 Wisdom Lane
Dublin, OH 43016
E-mail: info@blackeaglebooks.org
Website: www.blackeaglebooks.org

First Edition: Vidyapuri, 1984
Second Edition: Vidyapuri, 2008

First International Edition Published by
BLACK EAGLE BOOKS, 2019

Nila Saraswati
Devdas Chhotray

Copyright © **Devdas Chhotray**

All rights reserved. No part of this publication may be reproduced, stored in a retrieval system, or transmitted, in any form or by any means, electronic, mechanical, photocopying, recording or otherwise without the prior permission of the publisher.

Cover & Interior Design: Ezy's Publication

ISBN- 978-1-64560-036-7 (Paperback)

Printed in United States of America

ବାପା ବୋଉଙ୍କୁ

ଭୂମିକା

'ନୀଳ ସରସ୍ୱତୀ'ର ପ୍ରଥମ ସଂସ୍କରଣ ୧୯୮୪ ମସିହାରେ ବାହାରି ପ୍ରାୟ ବର୍ଷେ ଦୁଇବର୍ଷ ଭିତରେ ଶେଷ ହୋଇଯାଇଥିଲା। ମୁଁ ଭାବୁଚି ଏହାର ଏକ ମୁଖ୍ୟ କାରଣ ଥିଲା ବହିର ସୁଲଭତା। ସେତେବେଳେ ବହିର ମୂଲ୍ୟ ଥିଲା ମାତ୍ର କୋଡିଏ ଟଙ୍କା। ପ୍ରକାଶକ ଅବଶ୍ୟ ଏହାର ଦାମ୍ ଚାଳିଶ ଟଙ୍କା ଧାର୍ଯ୍ୟ କରିଥିଲେ, କିନ୍ତୁ ମୁଁ ପ୍ରୁଫ୍ ସଂଶୋଧନ ବେଳେ ମୂଲ୍ୟର ବି ସଂଶୋଧନ କରି ଏହାକୁ କୋଡିଏ ଟଙ୍କାକୁ ଖସାଇ ଦେବାରୁ କିଛି କମ୍ ଭ୍ରୂକୁଞ୍ଚନର ଶିକାର ହୋଇ ନଥିଲି। ମୁଁ ବଜାରରୁ ଖବର ପାଇଚି ଯେ ବାହାଘର ସିଜିନ୍‌ରେ, ଶିକ୍ଷିତ ମଧ୍ୟବିତ୍ତ ପରିବାର ମାନଙ୍କ ଉପହାର ସାମଗ୍ରୀ ହିସାବରେ 'ନୀଳ ସରସ୍ୱତୀ'ର ଭଲ କାଟ୍‌ତି ଥିଲା।

କେବଳ ସୁଲଭତା ବ୍ୟତୀତ 'ନୀଳ ସରସ୍ୱତୀ'ର କାବ୍ୟିକତାର ଯେ କୌଣସି ଆବେଦନ ନଥିଲା, ଏକଥା ଅବଶ୍ୟ କହିହେବନି। ଯଦିଓ ଆଧୁନିକ ଓଡ଼ିଆ କବିତାର ତାତ୍ତ୍ୱିକ ଆଲୋଚନା ଓ ମୂଲ୍ୟାଙ୍କନ ଭିତରେ ଏହାର ବିଶେଷ ଉଲ୍ଲେଖ ନାହିଁ, କିନ୍ତୁ ଏହାକୁ ଭଲପାଇ ବାରମ୍ବାର ଖୋଜୁଥିବା ଓ ମନେପକଉଥିବା ଲୋକଙ୍କର ଅଭାବ ମଧ୍ୟ ଘଟିନି। ଏ ବହି ମାର୍କେଟରେ ପ୍ରାୟ ୨୫ ବର୍ଷ ହେଲା ନାହିଁ, (ଏପରିକି ପ୍ରକାଶକଙ୍କ ପାଖରେ ମଧ୍ୟ ଦ୍ୱିତୀୟ ସଂସ୍କରଣ ପାଇଁ କପିଟିଏ ଯୋଗାଡ କରିବା ଦୁଃସାଧ୍ୟ ହୋଇପଡିଲା), ତଥାପି ମଗାଯଚା ଓ ଜେରକ୍ସ ଜରିଆରେ ଏହାର ଏକ କ୍ଷୀଣସ୍ରୋତ ଆଜି ବି ଅବ୍ୟାହତ ରହିଛି, ଆଉ ସମସାମୟିକ ପତ୍ରିକାରେ ବର୍ଷ ପରେ ବର୍ଷ ଏ ସଂକଳନର କିଛି କବିତାର ପୁର୍ନମୁଦ୍ରଣ ମଧ୍ୟ ଦୃଷ୍ଟିଗୋଚର ହୋଇଛି। ଏ ପରିପ୍ରେକ୍ଷୀରେ 'ନୀଳ ସରସ୍ୱତୀ'ର ନୂତନ ସଂସ୍କରଣ ପାଠକଙ୍କ ଦ୍ୱାରା ଆଦୃତ ହେବ ବୋଲି ଯେତିକି ଆଶା, ତିରିଶ ଚାଳିଶ ବର୍ଷ ତଳର ଲେଖାର ଆକୃଷ୍ଟ କରିବାର କ୍ଷମତା କେତେ ଥିବ, ସେ ନେଇ ମଧ୍ୟ ମୋର ସେତିକି ସନ୍ଦିଗ୍ଧତା।

'ନୀଳ ସରସ୍ୱତୀ'ର ନାମକରଣ ବିଷୟରେ ମଧ୍ୟ ଅନେକ ଜିଜ୍ଞାସୁ ପାଠକ ମତେ ବିଭିନ୍ନ ପ୍ରଶ୍ନ କରିଛନ୍ତି। ଏକ କାବ୍ୟବୋଧରୁ ମୋ ଭିତରେ ଏ ନାଁ ଆସିଛି ସତ, କିନ୍ତୁ ମୁଁ ଏହାକୁ କୌଣସି କବିତାର ବହି ନୁହେଁ, ମୋ ନିଜ ଝିଅର ନାମକରଣ ଏକ ନୂଆ ଧରଣର କରିବା ପାଇଁ, ମୋ ମନଭିତରେ ତିଆରି କରିଥିଲି। ମୋ ବାପା କିନ୍ତୁ ନିଜ ନାତୁଣୀ ପାଇଁ ଏଭଳି ନୂତନ ଆଙ୍ଗିକର ନାଁ ଦରକାର ନାହିଁ ବୋଲି, ଏବଂ ଏଭଳି ନାଁ ଦେଲେ ଝିଅ ଓଡ଼ିଆ କି ଅନ୍ୟ କେଉଁ ଅଞ୍ଚଳର, ଏ ବିଷୟରେ ଭ୍ରମ ହୋଇପାରେ ବୋଲି କହି, ଏହାକୁ ଭିଟୋ କରିଦେଲେ।

ଝିଅ ଜନ୍ମ ହେବାର ପ୍ରାୟ ଦଶବର୍ଷ ପରେ ଯେତେବେଳେ ମୋ କବିତା ସଂକଳନ ବାହାରିଲା, ମୁଁ ସେତେବେଳେ ମୋର ସମ୍ପୂର୍ଣ୍ଣ ନିଜସ୍ୱ ନିର୍ଣ୍ଣୟ ନେଇ, ମୋ ମନ ଭିତରେ ସବୁବେଳେ ଉଜ୍ଜ୍ୱଳ ହୋଇ ରହିଥିବା ଏଇ ନାଁର ଶୀର୍ଷକ ଦେଲି। ଏଥର ବାପାଙ୍କର କିଛି ବକ୍ତବ୍ୟ ନଥିଲା, ବରଞ୍ଚ ଏକ କବିତା ବହିର ଶୀର୍ଷକ ହିସାବରେ ଏହାର ସାର୍ଥକତା ଆହୁରି ଅଧିକ ଯୁକ୍ତିଯୁକ୍ତ ଲାଗିଲା। ସରସ୍ୱତୀ ଗୋରା ଓ ଶୁକ୍ଳ ବସନ ପରିହିତା। କବିତାର ମ୍ୟାଜିକ୍ ଆଲୁଅରେ ସେ ଯେ ନୀଳ ପାଲଟିଯାଆନ୍ତି ଏମିତି କିଛି ଇତଃସ୍ତତ ଧାରଣା ଏ ନାଁ ପଛରେ ଥିଲା। ବହୁତ ପରେ ଜାଣିଲି, ତନ୍ତ୍ରଶାସ୍ତ୍ରରେ ନୀଳ ସରସ୍ୱତୀଙ୍କର ଉଲ୍ଲେଖ ଏକ ଦେବୀଙ୍କ ରୂପରେ ଅଛି ଓ ସେ ପୂଜା ପାଆନ୍ତି।

'ନୀଳ ସରସ୍ୱତୀ'ର ପ୍ରଚ୍ଛଦ ପାଇଁ ଲଣ୍ଡନରେ ରହୁଥିବା ବିଶିଷ୍ଟ ଓଡ଼ିଆ ପେଣ୍ଟର ପ୍ରଫୁଲ୍ଲ ମହାନ୍ତି ଯେତେବେଳେ ତାଙ୍କର ସଦୟ ସମ୍ମତି ଦେଲେ, ମୁଁ ତାଙ୍କୁ ଅନୁରୋଧ କରିଥିଲି ଯେ, ଆଲୁଅର ଜଳିବା ଅବସ୍ଥାକୁ ଯଦି ସେ ଚିତ୍ର କରିପାରିବେ। ସେ କଲେ। ପ୍ରଥମ ସଂସ୍କରଣର ପ୍ରଚ୍ଛଦ ସେତେବେଳକାର ଅନୁନ୍ନତ ଫଟୋ ପ୍ରୋସେସିଂ ସତ୍ତ୍ୱେ ଏକ ଭିନ୍ନମାନର କୃତି ବୋଲି ମାନ୍ୟତା ପାଇଲା। ଦ୍ୱିତୀୟ ସଂସ୍କରଣର ପ୍ରଚ୍ଛଦରେ ମଧ୍ୟ, ତାଙ୍କର ସେହି ବିଷୟବସ୍ତୁର ଆଉ ଗୋଟିଏ କୃତିର ଉପଯୋଗ କରାଯାଇଛି।

ବର୍ତ୍ତମାନ ନୀଳ ସରସ୍ୱତୀର ଏହି ଆନ୍ତର୍ଜାତିକ ସଂସ୍କରଣର ପ୍ରକାଶନ ଅବସରରେ, ମୁଁ ଏହାର ନୂତନ ପ୍ରଚ୍ଛଦର କଳାକୃତି ପାଇଁ ଶ୍ରୀ ଅଶୋକ ପରିଡ଼ାଙ୍କୁ ଅଭିନନ୍ଦିତ କରୁଛି ଏବଂ ଏଥି ସହିତ ଆମେରିକାର ଶ୍ରୀ ସତ୍ୟ ପଟ୍ଟନାୟକଙ୍କୁ ଆନ୍ତରିକ କୃତଜ୍ଞତା ଜଣାଉଛି ଯେ, ତାଙ୍କରି ବିଚକ୍ଷଣ ଉଦ୍ୟମ ଫଳରେ, 'ନୀଳ ସରସ୍ୱତୀ' ବର୍ତ୍ତମାନ ତା'ର ଏହି ତୃତୀୟ ନବକଳେବରରେ, ଦେଶ ତଥା ବିଦେଶରେ ମଧ୍ୟ, ଏକ ନୂତନ ତରୁଣ ଗୋଷ୍ଠୀର ପାଠକ ଆବିଷ୍କାର କରିପାରିବ। ଜଣେ କବିତାଲୋଭୀ ଲେଖକ ପକ୍ଷରେ, ଏହା କିଛି କମ୍ ପ୍ରତିଷ୍ଠାର କଥା ନୁହେଁ।

ଆଲମଚାନ୍ଦ ବଜାର, କଟକ

୧୮ ସେପ୍ଟେମ୍ବର ୨୦୧୯

ଦେବଦାସ ଛୋଟରାୟ

ଅଳ୍ପ ବୟସ

କଟକ	୧୫
କଲ୍ୟାଣୀ ପ୍ରତି	୧୭
ମେଘାକ୍ରାଂତ	୧୮
ଆକାଶ	୧୯
ମଲ୍ଲିକା	୨୦
ମେଷର ଉକ୍ତି	୨୧
ଗ୍ରୀଷ୍ମଦିନ	୨୨
ପ୍ରତାରଣା	୨୩
ମନେପଡ଼େ	୨୪
କାରୁଣ୍ୟ	୨୫
ଆପତ୍ତି	୨୯
ପ୍ରେତ	୩୦
ପ୍ରତିଜ୍ଞା	୩୧
ଅଭିମନ୍ୟୁ	୩୨
ଅରଣ୍ୟ	୩୩
ବେଡ଼ିଂ ବାନ୍ଧୁଥିଲା ବେଳେ	୩୫
ମଲ୍ଲିକାର ଘର	୩୬
ଅନ୍ୟଲୋକ	୩୭
ଅବକ୍ଷୟ	୩୯
କାପ୍ତାନ୍ ପ୍ରତି	୪୧
ଅଳ୍ପବୟସ	୪୩

ଲୋହିତ ଅପେରା

୪୯ ବିକୃତ ଚିନ୍ତା
୫୧ ଦୁର୍ଘଟଣା
୫୩ ଶୀତଋତୁ
୫୪ ଚନ୍ଦ୍ରୋଦୟ
୫୬ ପ୍ରତିଜ୍ଞାର ଭାର
୫୭ ଆତ୍ମଜ୍ଞାନ
୫୯ ରାତି
୬୧ ବସନ୍ତ
୬୨ ପିଲାଲୋକ
୬୪ ଗଳ୍ପ
୬୫ ଘର
୬୭ ନଈ
୬୮ ଉଜ୍ଜ୍ୱଳ ଅନ୍ଧାର
୭୦ ଭୟ
୭୧ ମଲ୍ଲିକାର ଚିଠି
୭୨ ଶୀତଋତୁ । ପୁଣି ଶୀତଋତୁ
୭୪ ଶନିବାର ଦିନ ତିନିଟାରେ
୭୬ ଗର୍ଭାଧାନ
୭୮ ମଲ୍ଲିକା (୨)
୮୦ ଇଶ୍ୱରଙ୍କ ହତ୍ୟା ସମ୍ପର୍କରେ

ଅନ୍ତର୍ଗତ ଦୁଃଖ

ଅବୋଲକରା ୮୫
ପ୍ରତ୍ୟାବର୍ତ୍ତନ ୮୭
ସୁକେଶୀ ବାଳିକା ୮୮
ହଂସ ୮୯
ବଗିଚା ୯୦
ଜନ୍ମଦିନ ୯୧
ଦୁଇ ମିନିଟ୍‌ର ମଲ୍ଲିକା ୯୨
ସମ୍ବନ୍ଧ ୯୪
ଫାଙ୍କାଦିନ ୯୫
ଅସମ୍ମତି ୯୭
ନିହତ ଶୈଶବ ୯୮
ନାଚଗୀତ ୧୦୦
ନିରାପଦ ମୁହଁ ୧୦୧
ଦୁଃଖ ୧୦୨
ଅପରାହ୍ଣ ୧୦୪
ଅନୁପସ୍ଥିତି ୧୦୬
ସ୍ୱର୍ଗ, ନର୍କ ଓ ମଲ୍ଲିକା ୧୦୭
କଳାଘର ୧୦୯
ପୁରୀ ୧୧୦
ଜ୍ୟୋତ୍ସ୍ନା ଆଣେ ପ୍ରଜାପତି ୧୧୩
ଖରାଦିନ ୧୧୪
ମହୁମାଛି ୧୧୬

ମିଳିତ ମୃତ୍ୟୁ

୧୨୧ ବୋଉ

୧୨୨ ଅନ୍ଧକାର ଘର

୧୨୪ ରବିବାର

୧୨୫ ଅସମୟ

୧୨୭ ମଲ୍ଲିକା, ମଲ୍ଲିକା

୧୨୮ କାପୁରୁଷ

୧୨୯ ବୟସ

୧୩୦ ଭୟ

୧୩୧ କୋମଳ ମୃତ୍ୟୁ

୧୩୨ ବିଦେଶ ଯାତ୍ରା

୧୩୬ ଜହ୍ନରାତି

୧୩୭ ବତାସ

୧୩୯ କଟକ ସୁନ୍ଦରୀ

୧୪୧ ନିରୀହ ଯାଦୁକର

୧୪୪ ନ୍ୟୁୟର୍କରେ ମଲ୍ଲିକା

୧୪୬ ଦେହ ଖରାପ

୧୪୮ ମନ ଭଲ ନାହିଁ

୧୫୦ ଜିଜିବିଷା

୧୫୧ ସେ ଲୋକ

୧୫୩ ଦୂରତ୍ୱ

୧୫୫ ଓଃ କାଳିରାତି

୧୫୭ ବିଚ୍ଛେଦ

୧୫୯ ଅତର୍କିତ ଖରା

୧୬୧ ମଲ୍ଲିକା ସଂଳାପ

୧୬୫ ଖରା

୧୬୭ ଦିନକୁ ଦିନ

୧୬୯ ହାଇୱେରେ ଟ୍ରକ ଯାତାୟତ

ଅଳ୍ପ ବୟସ

କଟକ

ମୁଁ ପୁଣି ଆସିବି ଫେରି ଏଇ ସହରକୁ
                    ଲକ୍ଷେ ଥର
ପ୍ରଥମ ପକ୍ଷୀର ଅଣ୍ଡରେ ଆସିବି ଉଡ଼ି
ତୃଣ ହୋଇ । ଭୋ'ର ବେଳେ
ଦେଖିବି କିପରି
          ଏ ସହର ଛିଡ଼ା ହୁଏ ତଥାପି ବି
ନିଦଭର୍ତ୍ତି ଝିଅଟିଏ ପରି
          ଲକ୍ଷେ ବର୍ଷ ପରେ
ଉଦାସ କେଶର ଢେଉ, ନମ୍ର ଆଖି ଦିଶେ ଭାରୀ ଭାରୀ

ମୁଁ ପୁଣି ଆସିବି ଫେରି ଏଇ ସହରକୁ
          କାତର ଗୋଧୂଳି
ଦେଖିବି ହୁଏତ ଆସ୍ତେ ମୁହଁ ଗୁଞ୍ଜେ ମ୍ଳାନ ହୋଇ
ସତୀ ଚଉରାରେ । ହାଇକୋର୍ଟ ଛୁଟି ହୁଏ
ସିଟିମାରି କଲେଜର ଦୁରନ୍ତ ପିଲାଏ
          ଲେଖନ୍ତି ବେନାମୀ ଚିଠି
ମୂକ ଅପରାହ୍ଣ
        ଧକ୍କା ଖାଇ ଆକାଶର ଧାତବ ନୀଳରେ
କ୍ଳାନ୍ତତର ହୋଇ ଜମେ, ଟେଲିଫୋନ୍ ବାଳିକାର ସ୍ୱରେ

ମୁଁ ପୁଣି ଆସିବି ଫେରି ଏଇ ସହରକୁ
ଦେଖିବି ତଥାପି
ଝିଅମାନେ ବୁଲିଯାନ୍ତି ପୂର୍ବ ଭଳି
ଯେତେ ନିଷ୍ଠା ସେତିକି ସନ୍ଦେହ
ମୋ ବୋଉ ପଢୁଛି ସ୍ତୋତ୍ର ଶନିଙ୍କର ଲକ୍ଷେ ବର୍ଷ ଧରି
ଲୁହଧାର ବହେ ଅକାରଣ
ହୁଏତ ପ୍ରେମିକା ମୋର ବୁଲୁଅଛି
ଦୋକାନରେ ଦିଗ୍‌ବଳୟ ଖୋଜି
ଆଖି ତା'ର ଥଣ୍ଡା ଘନ ଏକାନ୍ତ କରୁଣ

ମୁଁ ପୁଣି ଆସିବି ଫେରି ମଳାପରେ
ଲକ୍ଷେ ଥର କଟକ ସହର
ଦେଖିବି କିପରି ଦିଶେ ମନୋହର
ଅମଳିନ ଧବଳ ଟଗର

କଲ୍ୟାଣୀ ପ୍ରତି

ଭରିଗଲା ଦୁଇ ଆଖି (ମୁଁ ଡାକିଲି କଲ୍ୟାଣୀ କଲ୍ୟାଣୀ)
ନଈ ବହି ଚାଲିଯାଏ ଦୁଲୁସାଇ ନିମ୍ନରୁ ନିମ୍ନକୁ
ଆଉ ମୋର ପାପ ତକ ଛିଡ଼ା ହନ୍ତି ଅଧୋବଦନରେ
ଈଶ୍ୱର ନିକଟତମ ଯାହାଙ୍କର। ଫୁଲ ବଗିଚାରେ
ଟୋପା ଟୋପା ହୋଇ ରକ୍ତ କେଉଁଠାରୁ ଆସିଲା କେଜାଣି

ଆଖିର ଲୁହରେ ପରା ଚମତ୍କାର ଇନ୍ଦ୍ରଧନୁ କରିହୁଏ
ଆଖିର ଲୁହରେ ମାଛ ଓ ନୌକାର ଭ୍ରୁଣ ଭାସିପାରେ
ଆଖିର ଲୁହରେ ପ୍ରେମର ଅଶୋକ ଗଛ ବଞ୍ଚିରହେ
ଆଖିର ଲୁହରେ ତୁମଠାରୁ ଭିନ୍ନ କରି ହୁଅଇ ତୁମକୁ

ଲୁହଭରା ଆଖି ବି'ତ ଆଖି ଖାଲି ଯାହା ଲୁହଭରା
ସବୁଠୁ ଅନିଷ୍ଟ ମୋର କରିଗଲା ସବୁଠାରୁ କନିଷ୍ଠ ଯେ ତାରା
ସେ ପୁଣି ବସନ୍ତ ହୋଇ ଫେରେ ମୋର ଶୋଣିତ ପୁଞ୍ଜରେ
ପ୍ରେମ ଏକ ସ୍ନିଗ୍ଧ ଭୟ ଯାହା ଆସେ ଅଧିକ ରାତିରେ

ସବୁ ପ୍ରେମ ମିଥ୍ୟା ହୁଏ ସବୁ ମିଥ୍ୟା ନୁହେଁ କିନ୍ତୁ ମୃତ୍ୟୁ
ହୁଏତ ସେ ପାଇଁ ଆହା ମୋ ପାପର ଅଜ୍ଞାତ ଦେବତା
ପ୍ରତ୍ୟହ ଯାଆନ୍ତି ବୁଲି ବଗିଚାକୁ, ଭୁଞ୍ଜିବାକୁ ମଧୁର ଫୁଲଙ୍କୁ

କଲ୍ୟାଣୀ, ତୁମେ ତ କେବେ ନ ଥିଲ ଗୋ
ଯଦି ଥିଲ, ଆଉ ହେବ ନାହିଁ
କାହାପାଇଁ ତେବେ ଏତେ କୌତୂହଳ
ବଗିଚାରେ ପତ୍ରପରି ଲୋଟେ
ପାଦତଳେ ବାରମ୍ବାର ଉଚ୍ଚାକାଂକ୍ଷା
କଣ୍ଟା ଭଳି ଫୁଟେ

ମେଘାକ୍ରାନ୍ତ

ମତେ ଯଦି ଆସୁଥାନ୍ତା ସ୍ୱଚ୍ଛନ୍ଦରେ ବଜାଇ ମାଦଳ
ହଠାତ୍ ଆସିଲେ ବର୍ଷା ଜଳାପ୍ଳୁତ ରାତି ବେକଧରି
କାକର ପବନ ଯେବେ ନାଚିଯାନ୍ତା କଦମ୍ବ ଡାଳରେ
ଆଣ୍ଠରେ ଖାଆନ୍ତି ଚୁମା ଦୀପଲିଭା ତୁମରି ଦିହୁଡ଼ି

ମୁଁ କ'ଣ ନ ଥିଲି ଜାଣି ତୁମେ ମତେ ନିଶ୍ଚୟ ଠକିବ
ଏବଂ ମୁଁ ସହିବି କ୍ଷତି ଏବଂ ଯେତେ ତଜ୍ଜନିତ ଗ୍ଲାନି
ତଥାପି ମୁଁ ଝୁଣ୍ଟୁଥିଲି ପ୍ରତି ରାତ୍ରେ ତମରି ଏରୁଣ୍ଡି
ପ୍ରତି ରାତ୍ରେ ନିରୁଦ୍ଦେଶ, ପ୍ରତି ରାତ୍ରେ ହାତେ ତୁମ କାନି

ତରା ସବୁ ଖର୍‌କି ହୋଇ ଫୁଲପରି ଆକାଶ ଅଗଣା
ଛାଡ଼ି କାହିଁ ଲୁଚିଲେଣି ସ୍ତୂପମେଘ ଡମ୍ବରୁ ବଜାଏ
ମୁଁ ଏଠି ସଜାଡ଼ି ବସେ ମୋ କୋକେଇ ମୋ ନୂଆ ମସିଣା
ବାଡ଼ିରୁ ବାଉଁଶ ଭାଙ୍ଗେ, ସାଇଭାଇ ନିଦରୁ ଉଠାଏ

ଶାଳବନ ମଥାନରେ ଜଳିଉଠେ ଅଗ୍ନିର ହାବେଳି
ବତାସର ତୂରୀ ବାଜେ ରେରେକାର ଆକାଶେ ଆକାଶେ
ହେ ମେଘ ଆହୁରି ଫୁଙ୍କ ଦୁର୍ବିନୀତ ଝଡ଼ର କାହାଳି
ରାତି ଗୋ, କାନ୍ଦିଲି ଏତେ କାହାଲାଗି କାହାର ସକାଶେ

ଆକାଶ

ଆକାଶକୁ ଚାହାଁ ବରଂ କି ଆନନ୍ଦ ଝରେ
ନମ୍ର ନୀଳ ନୂପୁରରେ ନିବିଡ଼ ନିକ୍ୱଣ ନିଭେ ତାର ନୀବୀରେ ନୀବୀରେ
ଯେଉଁ ନୀଳ ତୋ ବୋଉ ଆଖିରେ

ଜଣା ନାହିଁ ଘରେ ଆଜି କି ସଞ୍ଚୟ ତୋର
ଡହକ କି ମହକ କି ଅନେଶ୍ୱତ ଫୁଲଙ୍କ ମୁର୍ଦ୍ଧାର
ଅରଣ୍ୟ କି ଶ୍ରାବଣ କି ସ୍ୱପ୍ନ ଏକ ଓଦା ସରସର
କାହାର ଆହତ ବାସ୍ନା ମୋହିତ ଚିଠିର ଶିଉଳି ଓ ଝାପ୍‌ସା ହସ୍ତାକ୍ଷର
କାହାର ଅଲରା ବାଳ ଲାଲ୍ ଚୁଡ଼ି ରିବନ୍‌ରେ ମୁଦକରା ଲକ୍ଷେ ମନ୍ୱନ୍ତର
ଧର୍ଷିତ ଶବ୍ଦରେ ଗଢ଼ା ଆଉ କେଉଁ ଗାଢ଼ ଗୀତ, ପ୍ରତିଶ୍ରୁତି ହୀନ ଯା'ର ସ୍ୱର
ଶୂନ୍ୟ ଠଣା ଶୂନ୍ୟ ଥାଳ କଫି କପ୍ ଟଫି ଡବା ମଗ୍ନ ହାହାକାର
ଫଟାକାନ୍ଥ କାଳିଚିହ୍ନ ଭଙ୍ଗାମନ ଲଣ୍ଠନ ଓ ପେନ୍‌ସିଲ୍ ଗାର
କି ଏକ ଗୁମୋଟ୍ ହାୱା, ଅତ୍ୟାଚାର ଦୀର୍ଘ ଗୁମାନର

କି ଲାଭ ଘରକୁ ଯାଇ ?
ଆକାଶକୁ ଚାହିଁ ଦେଖ୍ ବରଂ
କି ଆନନ୍ଦ କି ଔଜ୍ଜ୍ୱଲ୍ୟ ଝରେ
ନମ୍ର ନୀଳ ନୂପୁରର ନିବିଡ଼ ନିକ୍ୱଣ ନିଭେ ତା'ର ନୀବୀରେ ନୀବୀରେ
ଯେଉଁ ନୀଳ ତୋ ବୋଉ ଆଖିରେ

ମଲ୍ଲିକା

ମଲ୍ଲିକାରେ, ଏ ଫାଲ୍‌ଗୁନ ବଡ଼ଇ ନିର୍ମମ
ଦିନେ ତ ସମୟ ଥିଲା ଆମେ ଦୁହେଁ ଯାଉଥିଲୁ ବୁଲି
ଅବଶ୍ୟ ବାହାରେ ଯାଇ ବେଶି କିଛି ଲାଭ ନାହିଁ
ଖାଲି ଯାହା ନୂଆ ନୂଆ ଫ୍ରକ୍ ତୋର ନଷ୍ଟ ହୁଏ
ଜମି ଜମି ପେଟ୍ରୋଲ୍ ଓ ଧୂଳି

ମଲ୍ଲିକା, ଦେଖିଚି ତତେ କେତେ ରାତି କେତେ ଦ୍ୱିପ୍ରହରେ
ଯୀଶୁଙ୍କର କ୍ରଶ୍ ପରି ନିଷ୍ଠା ତୋର ମୋ ଆଖି ଓଠରେ
ମୋ ପିତା ଓ ପ୍ରପିତାମହଙ୍କ ରକ୍ତଠାରୁ ଆହୁରି ପ୍ରାଚୀନ
ସତରଚି ହାୟାସିନ୍ଥ ଫୁଲ ରହସ୍ୟର ଡୋରିଆ ସୂତାରେ
ଆରବ୍ୟ ରଜନୀ ପରି ତତେ ପରା ଯୋଡ଼ନ୍ତି ମଲ୍ଲିକା
ମଲ୍ଲିକାରେ, ଏ ଫାଲ୍‌ଗୁନ ବଡ଼ଇ ନିଷ୍ଠୁର
ସିମେଣ୍ଟରେ ପଦ୍ମ ଲେଖେ ଅର୍କେଷ୍ଟ୍ରାରେ ଝରାଏ ଶ୍ୟାମଳ

ତୋର କ'ଣ ମନେ ଅଛି ଆମେ ଦୁହେଁ ଛୋଟ କ୍ୱାର୍ଟର୍‌ରେ
ତମ ବାପା ଆମ ବାପା ପାଖାପାଖି ରହୁଥିଲା ବେଳେ
ଗିର୍ଜା ଆଡ଼େ ବୁଲିଯାଉ, ନିସ୍ତୁକ ସନେଟ ପଢୁ ଜହ୍ନ ଆଲୁଅରେ
ଓ କେବେ ହଠାତ୍ କେଉଁ ଅନ୍ଧକାର ଶିଡ଼ି ବାରନ୍ଦାରେ
ତୋ ଦେହ ଜାବୁଡ଼ି ଧରି କାଉଁଣ୍ଟ୍ ଅଫ୍ ମଣ୍ଟେକ୍ରୀଷ୍ଟୋ ପରି
ମୁଁ କେବେ ଖାଇଲେ ଚୁମା, ବୁଜୁଥିଲୁ ତୁ ତୋ ଦୁଇ ଆଖି
(ସିନେମାରୁ ଶିଖି)
ମଲ୍ଲିକାରେ, ଏ ଫାଲ୍‌ଗୁନ ବଡ଼ଇ କର୍କଶ
ପ୍ରେମଠାରୁ ମୃତ୍ୟୁ ସତ୍ୟ, ପ୍ରାଣ ଠାରୁ ପରିଣାମ ସତ୍ୟ
ପ୍ରେମହିଁ ପ୍ରଥମ ମୃତ୍ୟୁ, ମୃତ୍ୟୁ ଏକ ଅଭିଶପ୍ତ ପ୍ରେମ
ମଲ୍ଲିକାରେ, ଏ ରାତିରେ କାର୍ତ୍ତିକର ହିମ
ଏ ଫାଲ୍‌ଗୁନ ବଡ଼ଇ ନିର୍ମମ

ମେଷର ଉକ୍ତି

ଆହା ମୋର ଲୁହ ସବୁ ନ ପଡୁ ନ ପଡୁ
ଯେହେତୁ ଆଶଙ୍କା ଅଛି ଯେ ସେମାନେ ପେଟ୍ରୋଲ୍ ପାଲଟି
ପଡ଼ିଲା ମାତ୍ରକେ ଜାଳି କ୍ଷେତ୍ରଫଳ ମାଇଲ ମାଇଲ
ବିଧବା କରିବେ ସବୁ । ଜମି ଏବଂ ଗଛପତ୍ର ଯେତେ
ସମୁଦ୍ର ଘର ଓ ଛକ ସବୁଠାରେ ନିଆଁର ବନାଟି

ସମୟ ଚିହ୍ନୁନି କ'ଣ କେଉଁପରି ଚଟାଣ ମୋହର
ମୁହୂର୍ତ୍ତକେ ଧୂଆଁ ହୁଏ ? କେଉଁପରି ହାତୁଡ଼ି ମାଡ଼ରେ
ଅତରର ଶିଶି ଭାଙ୍ଗେ ? କେଉଁପରି ଖୁରା ମୋର
ନିଆଁର ଟାଇଲ୍ ପରେ ଥୁଆ ହୁଏ କଲ୍‌ବଲ୍ ହୋଇ ?

ମୁଁ ଚଣ୍ଡାଳ ମୁଁ ନିଜେ କରିବି କିସ ? ମୁଁ ତ କା'ର ପ୍ଲାଷ୍ଟିକର ହାତ
କାହାର ନିର୍ଦ୍ଦେଶେ ଜମେ ଧୂଳି ପରି, ପତ୍ରପରି ପଡ଼େ
କାହାର ନିର୍ଦ୍ଦେଶ ହଜେ ଧୂଆଁ ପରି, ପକ୍ଷୀ ପରି ଉଡ଼େ
ତଥାପି ଅପେକ୍ଷା କରେ, ଦେଖାଯାଉ
କେବେ ତ ଶୁଭିବ ଦିନେ କଥାବାର୍ତ୍ତା ଯୀଶୁ ଇତ୍ୟାଦିଙ୍କ

ଆହା, ମୋର ଲୁହ ସବୁ ନ ପଡୁ ନ ପଡୁ
ଯେହେତୁ ଆଶଙ୍କା ଅଛି ଯେ ସେମାନେ ଦ୍ୟୂତକ୍ରୀଡ଼ା ପରେ
କ୍ରୋଧର ତ୍ରିଶୂଳ ହୋଇ, ବିରାଟର ଲକ୍ଷ ରାଜଧାନୀ
ନଗ୍ର ଓ ଗଣିକାବସ୍ତି ଯିବେ ନାଶି । ଏବଂ ମତେ ଭାରି ଡର ଲାଗେ
ଯେହେତୁ ଅଛନ୍ତି ମୋର ବାପା ବୋଉ ସାନଭାଇ ଆଦି

ତଥାପି ଅପେକ୍ଷା କରେ, ଦେଖାଯାଉ
କେବେତ ଶୁଭିବ ଦିନେ କଥାବାର୍ତ୍ତା ଯୀଶୁ ଇତ୍ୟାଦିଙ୍କ

ଗ୍ରୀଷ୍ମଦିନ

ମୁଁ ତାକୁ ପାଇବି ଏଇ ଗ୍ରୀଷ୍ମଦିନେ
ଯେତେବେଳେ କବରୀରେ ଜଳିଉଠେ ସୁବର୍ଣ୍ଣ ଛାଉଣୀ
ହୀରା ଜଡ଼ଉର ନଖ। ନିଶା ଲାଗେ ହାତୀଦାନ୍ତ ମନେ

ମୁଁ ତାକୁ ପାଇବି ଏଇ ଗ୍ରୀଷ୍ମଦିନେ
ଯେତେବେଳେ ସବୁ ବିସ୍ମରଣ
କ୍ଳେଶମୟ ଶୀତଋତୁ (ଶ୍ୱେତ ହୁଏ ହାଡ଼ର ବିବର)
ଫାଲ୍‌ଗୁନର ବିଭୀଷିକା, ହେମନ୍ତର ସବୁ ଅତ୍ୟାଚାର
ଯେତେବେଳେ ସବୁ ବିସ୍ମରଣ
ଯେତେବେଳେ ସବୁ କିଛି ପ୍ରାପ୍ତ ହୁଏ
ସବୁ କିଛି ଲିଭେ ସଙ୍ଗୋପନେ

ମୁଁ ତାକୁ ପାଇବି ଏଇ ଗ୍ରୀଷ୍ମଦିନେ
ଯେତେବେଳେ ସବୁ ଦୁର୍ଘଟଣା
ମୋ ବିଶ୍ୱସ୍ତ ଆଙ୍ଗୁଠିର ପରି ସବୁ କିଛି ଏକାନ୍ତ ପୁରୁଣା
ଯେତେବେଳେ ଆଦିମ ନକ୍ଷତ୍ର ଏକ
ଗଡ଼ିଆସେ ରାତି ବାରଟାରେ
ନିକେଲ୍‌ର ଗୁଣ୍ଡ ପରି ଫିଙ୍ଗେ
ତାକୁ ଦୂରେ ମତେ ଦୂରାନ୍ତରେ
ଅନୁଜ୍ଜ୍ୱଳ ଶସ୍ୟ ପରି ମୁଁ ହୁଅଇ ଏପ୍ରିଲ୍‌ର ସ୍ମୃତି
ବିଭକ୍ତ ଲୋତକ ହୋଇ
ସେ ନିକ୍ଷିପ୍ତ ଉଦାସ ନିର୍ଜନେ
ମୁଁ ତାକୁ ପାଇବି ଏଇ ଗ୍ରୀଷ୍ମଦିନେ

ପ୍ରତାରଣା

କାହାର ପତିତ ମୁହଁ, ମ୍ଲାନ ଅଙ୍ଗୀକାର
ଅନ୍ଧାରର ଚୌକି ପରେ ଆସ୍ତେ ହୁଏ ସ୍ଥିର
ଦାବିକରେ ଯେ ସେଠାରେ କେବେ ଥରେ
'ତମେ ଥିଲ, ତମେ ଥିଲ' ବୋଲି

ଆଜି ଖାଲି ମନେପଡ଼େ
ଏକ ବିନ୍ଦୁ ନିର୍ଜନତା ଅସତୀ ଈର୍ଷାର
ଆଜି ଖାଲି ମନେପଡ଼େ ଉଲଗ୍ନ ଦର୍ପଣ ପରି ବକ୍ଷ ତୁମ
ନିଦ୍ରାବତୀ ସାପର ସହର

ଦିନକୁ ଦିନ ତୁମେ କୁଣ୍ଠାମୟ ନୀଳ ଅପବିତ୍ର
ମୋ ଠାରୁ ଆହୁରି କ୍ଲାନ୍ତ, ନିର୍ଜନ ଓ ଆହୁରି ଅସତ୍ୟ
ମୁଁ ସିନା ମୁଠାଏ ମାଟି ସାପ ଏବଂ ଚମ୍ପାଫୁଲ ବଣେ
ଯେଉଁଠି ସାପର ଦାନ୍ତ ଈର୍ଷା କରେ ଇଞ୍ଚେ ପୃଥିବୀକୁ
ଅରଣ୍ୟେ ରୋଦନ ମୋର ଭାସିଯାଏ ଅରଣ୍ୟ ରୋଦନେ

କେଉଁ ଏକ ପ୍ରେମିକ ଏପ୍ରିଲ୍
ପବନରେ ଯେ କାନ୍ଦଣା ଲାଗି ଅଛି ଜଳକଣା ପରି
ନିଏ ପାପୁଲିରେ ପୋଛି
ରକ୍ତର ଅନ୍ଧାର ଧୀରେ ଧୋଇ ଦିଏ ଈର୍ଷାର ଶିଉଳି

ବୁଢ଼ୀମାର ନୀଳ ଆଖି ପରି ଏକ ନିଷ୍ପ୍ରଭ ତାରକା
ତୁମର ଯା ପ୍ରତିଶ୍ରୁତି ସବୁକିଛି ସତ୍ତ୍ୱେଓ ଅବିକା
ବଗିଚାରେ ବିଞ୍ଛିଦିଏ କେତେ ଏକା ଏକା ର ଧାରଣ
ମହୁମାଛି, ଶିଖାଇବ ମତେ ଟିକେ ମୁଗ୍ଧ ପ୍ରତାରଣା ?

ମନେପଡ଼େ

ତା'ର ଖୋଲା ଦେହ ପରି ଅକପଟ ଉଦାସ ଆକାଶ
ଭିଜାଏ ଶିମୁଳି ଗଛ। ଟୁପ୍ ଟାପ୍ ଲୁହର କାକର
ରାତିର ଧୂସର ପାଦ ମନେପଡ଼େ, ପାଉଁଜ ଓ ବାଲିର ପାହାଚ
ମନେପଡ଼େ ତା'କଥା, ଯେପରି ସେ କରୁଣ ମିଶର

ମନେପଡ଼େ କଥା ତା'ର, ଯା'ର ଦୁଇ ଆଖିର ଆକାଶେ
ଶ୍ରାବଣର ସବୁ ମେଘ ସବୁ ନଦୀ ହ୍ରଦ ହୋଇ ଭାସେ
ଯା' ଦେହର ମ୍ଳାନ ଋତୁ ଯନ୍ତ୍ରଣାରେ କ୍ରମନୀଳ ହୋଇ
ବିଷଣ୍ଣ ପତ୍ରଟି ପରି ଶ୍ୟାମ–କ୍ରୁର କୁହୁଡ଼ିରେ ମିଶେ

ଆକ୍ରୋଶର ରାତି ପରି ତା' ଦେହରୁ ହେବନି କି ଶେଷ
ଭଲ ପାଇବାର ଗ୍ଳାନି, ଛାୟାଛନ୍ନ ନିବିଡ଼ ପ୍ରଦୋଷ ?

କାରୁଣ୍ୟ

ଏକ

ଏମିତି ମୁହୂର୍ତ୍ତ ଆସେ, ଆଜିପରି, ମୁଁ ଯେତେବେଳେ
ଦୁଇଟି ମାଇଲ୍ ଯାଇ ଜାଣିପାରେ, ସେ ରିକ୍ସା ତୁମର ନୁହେଁ
ଫେରି ଆସେ, ଓଲୁ ହୋଇ, ପୂର୍ବପରି ବକ୍ସିବଜାରକୁ
ଓ ଖୁବ୍ ନିଗୂଢ଼ ଭାବେ ଚିନ୍ତାକରେ ତମ ସମ୍ପର୍କରେ

ମୋ ଆଖି ଝଲସି ଉଠେ। କେଉଁପରି ଜଳିଲା ଅନ୍ଧାର
ଚିନ୍ତାର ସୁଡ଼ଙ୍ଗ ଦେଇ, ମୋ ଦେହର ହୋଟେଲ୍ ଭିତରେ
ପଶିଆସି ଦାବିକରେ ଖାଦ୍ୟ, ପ୍ରେମ, ନିଷ୍ଠା ଓ ପ୍ରତିଜ୍ଞା
କପ୍ ପ୍ଲେଟ ଭାଙ୍ଗି ଦିଏ ଦୁଇ ବନ୍ୟ ବର୍ବର ହାତରେ

ମୋ ଆଖି ଝଲସି ଉଠେ। କେଉଁପରି ଫେରାର୍ ଶ୍ରାବଣ
ବର୍ଷ ସବୁ ତଣ୍ଟିବାଟେ ଗଳିଯାନ୍ତି ଚକୋଲେଟ୍ ପରି
ମୋର ମନେ ପଡ଼ିଯାଏ ଏକ ଦୃଶ୍ୟ ମୋର ଡିଗ୍ରୀ ଆଣିବାର
ମୋର ମନେ ପଡ଼ିଯାଏ କେଉଁପରି ଯୁବତୀ ସକଳ
ତାଙ୍କ ମଧ୍ୟେ ତୁମେ ଥିଲ, ମୋ ଦେହରେ ଅଟକିଲେ ଆସି
ଜାମାର ବୋତାମ ପରି। କେଉଁପରି ମୋ ନୂଆ ମୁହଁରେ
ସ୍ପଷ୍ଟ ହୋଇ ଅଙ୍କାଥିଲା ନକ୍ସାଭଳି ପ୍ରଥମ ସକାଳ

ତା'ପରେ ଯୁବତୀମାନେ, ତାଙ୍କ ମଧ୍ୟେ ତୁମେ ଥିଲ
ଦଳ ବାନ୍ଧି ସନ୍ଧ୍ୟାର ରାସ୍ତାରେ
ଉଡ଼ିଆସି ଜମିଗଲେ ଧୂଳିପରି ଝର୍କା ରେଲିଂରେ

ଓ ମୁଁ ମାର୍ଗଶିର ପରି ଥରୁଥିଲି ସଲଜ ନିଶାରେ
ସେମାନେ କହିଲେ ମତେ ସୁନ୍ଦର ଓ ବିଦ୍ୟାବନ୍ତ,
ପୁରୁଷଙ୍କ ମଧ୍ୟରେ ପୁରୁଷ
ଏବଂ ତାଙ୍କ ପ୍ରେମ ପାଇଁ ନିରାପଦ ମୋର ଭବିଷ୍ୟତ

ମୁଁ ଏଣେ କେମିଜ ପିନ୍ଧି, ଲମ୍ଫମାରି, ଟେବୁଲ ଓ ଚଉକି ଗଡ଼ାଇ
ଚୂନାକରି ରେଡ଼ିଓ ଓ କାଚଗ୍ଲାସ, ଦର୍ପଣର ସାମ୍ନାରେ ଦେଖେ ତ
କାହାର ଅଚିହ୍ନା ମୁହଁ ଭାସିଉଠେ। ଭିନ୍ନ ମାନଚିତ୍ର
ନାନାଦି ବିକଳ ଗ୍ରାଫ୍। ମୋ ମୁହଁ ତ ଦିଶେନା ଦିଶେନା
ଓଲୁ ଏକ ଛିଡ଼ା ସେଠି ପିନ୍ଧି ଏକ ଗଧ ଟୋପି ଗଧର ଚଷମା

ମୋ ଆଖି ଝଲସି ଉଠେ। କୋଠା ସବୁ ଦୁର୍ଗ ଭଳି ଦିଶେ
ମୁଁ ହଠାତ୍ ଖୋଜିବସେ ବେବିଲୋନ ବସ୍ତିବଜାରରେ
ମତେ ଲାଗେ ନାରୀମାନେ ଯାଉଚନ୍ତି ନଗ୍ନହୋଇ ଅବିର ଉଡ଼ାଇ
ତାଙ୍କ ପଛେ ଲୋକମାନେ ବର୍ଛା ଧରି ଘୋଡ଼ା ଦଉଡ଼ାଇ
ମୁଁ ଖାଲି ଅଚିହ୍ନା ଏକ ଖୋଜି ବସେ ତୁମରି ରିକ୍ସାକୁ
ଯାହା ସେ ଭିଡ଼ର ମଧ୍ୟେ ହାଓ୍ୱା ପରି ଯାଉଚି ମିଳାଇ

ଦୁଇ

ସ୍ୱପ୍ନରେ ଦେଖିଲି କାଲି, ଜେଜେବାପା ଯେ ମୋର ବାପାଙ୍କୁ
ଅରକ୍ଷିତ କରିଗଲେ ମୋଟେ ତାଙ୍କ ଏଗାର ବର୍ଷରେ
ସ୍ୱର୍ଗରୁ ଓହ୍ଲାଉଚନ୍ତି ଧୂଆଁପତ୍ର ପାଞ୍ଜି ପାନଡବା
ପର୍ବତଙ୍କ ମୁଣ୍ଡ ସବୁ ଯୋଡ଼ି ଲମ୍ବା ଗୋଡ଼ମାନଙ୍କରେ
ମତେ ଆସି କହୁଚନ୍ତି 'ଭୁଲ୍ ଭୁଲ୍, ନାରୀ ଜମା ବନ୍ଧୁ ହୁଏ ନାହିଁ
ନାରୀର ଅର୍ଦ୍ଧେକ ଭୃତ୍ୟ, ଅନ୍ୟ ଅର୍ଦ୍ଧ ତୀବ୍ର ଅତ୍ୟାଚାରୀ
ତୁ ତାକୁ ଗଡ଼ାଇ ପାରୁ ତୋ ଖେଳର ଟେବୁଲ୍‌ରେ ରାତି ଶେଷଯାଏ
ଅବା ତାକୁ ଫିଙ୍ଗି ପାରୁ ଚୁଲି ମୁଣ୍ଡେ କ୍ଲାନ୍ତ ଗ୍ଲାସ ପରି
କିନ୍ତୁ ତା'ର କାନ୍ଧରେ ଥୁଅନା ହାତ, ବସ ନାହିଁ ଏକା ଚଉକିରେ
ଅଧା ସେ ସମ୍ରାଟ୍ ଏବଂ ଅଧା ତୋ'ର ପାଦର ପ୍ରହରୀ'

ମୁଁ ଖୁବ୍ ଚିହିଁକି ଉଠି, ଅନ୍ଧାରକୁ ଆଲିଙ୍ଗନ କରି
କର ମୋଡ଼ି ଦେଖେ, ଯିଏ ମୋ ଶେଯକୁ ଗତ ରାତିସାରା
ଭାଗ କରି ଶୋଇଥିଲେ ସେ କୁଆଡ଼େ ହେଲେଣି ଉଭାନ
ତଥାପି ତକିଆ ଭରି ତୁମ ଝାଳ ବାସ୍ନାର ମିଶାଣ
ମତେ ଏକା ଲାଗୁଥିଲା ଶେଷରାତି, ତାରା ଏବଂ ସ୍ମୃତି ଏକା ଏକା
ମୁଁ ଶୁଣିଲି କାନପାରି, ଶୁଣାଯାଏ କଳା ଆକାଶରୁ
କହେ କିଏ (ଜେଜେବାପା) 'ନାରୀ ଯଦି ପ୍ରେମ କରେ
ପଶୁ ପରି, ନାରୀ ଯଦି ଘୃଣା କରେ ପଶୁପରି,
ପ୍ରେମ ଓ ଘୃଣାର ମଧ୍ୟେ ନାହିଁ ତା'ର ତୃତୀୟ ଇଲାକା'

ତିନି

ମୁଁ ଏଠାରେ ଛିଡ଼ା ହେବି ସ୍ନୋ ମାରି ବକସିବଜାରରେ
ଜାପାନୀ ବାଳିକା ପରି ଏ ଫାଲ୍‌ଗୁନ ଆସିବ ଓ ଯିବ
ଓ କେବେ ହଠାତ୍ କେଉଁ ନିକାଞ୍ଚନ ଉଦାସ ଖରାରେ
ତୁମରି ରିକ୍ସାର ପଣ୍ଡା ଚାହୁଁ ଚାହୁଁ ମତେ ମିଳିଯିବ
ମୁଁ କିଆଁ ମରିବି କହ, ଯୁକ୍ତି କ'ଣ ମୋର ମରିବାର
ମୃତ୍ୟୁ ପରେ ଶୂନ୍ୟତା ଓ ଶୂନ୍ୟତାରେ କିବା ପ୍ରୟୋଜନ
ହଜାରେ ଶୂନ୍ୟତା ମଧ୍ୟେ ବୁଡ଼ିବନି ଦୁଃଖର ଓଜନ
ଯଦିବା ଶୂନ୍ୟତା ନାହିଁ ଥିଲେ ଥିବ ପ୍ରେତ ବସ୍ତି ଏକ
ଓ ଆମେ ମୃତ୍ୟୁର ପରେ ବସା ବାନ୍ଧି ତାଳ ବାହୁଙ୍ଗାରେ
ଚିର୍ଚ୍ଚିରେଇ ଡରାଇବା ଭୁଆସୁଣୀ କୋମଳ ବାଳକ
ସେଥିରେ କି ରକ୍ଷା ଅଛି ? ମୁଁ ମରିଲେ ତୁମେ ବି ମରିବ
ତା'ପରେ ହଠାତ୍ କେବେ, ପ୍ରେତ ବସ୍ତି, ପିଆଶାଳ ବଣ
ଭେଟାଭେଟି ହୋଇଯିବ ଚକ୍ରି ଖାଇ ଉଡ଼ିଗଲା ବେଳେ
ମୋ ଦେହ ମନ୍ଦାର ମାଳ ତମ ଦେହ ହାଡ଼ର ବିଭୂତି
ତା'ପରେ ନୂତନ ଯୁକ୍ତି ମୁକାବିଲା ହେବ ପ୍ରୟୋଜନ

ବରଂ ମୁଁ ଭାବିବା ଭଲ ବୁଲୁ ବୁଲୁ ବକ୍ସିବଜାରରେ
ତମ ରିକ୍ସା ଖୋଜୁ ଖୋଜୁ 'କେତେ ଦୁଃଖ, ଆହା ଏ ଜୀବନ'

ଚାରି

ସନ୍ଧ୍ୟାର ରକ୍ତରେ ଧୋଇ ପାଦ ତା'ର ଅଧରାତି ଆସେ
ମୁଁ ଏଇନା ଫେରିଯିବି, ଚାରିଆଡ଼େ ଭର୍ତ୍ତି ଖାଲି ରିକ୍ସା
ଲୋକ ଭିଡ଼ କମିଯାଏ ଦୋକାନରୁ ଲିଭଇ ଆଲୁଅ
ବୋଉ ଚାହିଁ ବସିଥାଏ ଭାତ ବାଢ଼ି ଦିନ ଦଶଟାରୁ
ତା' ଅବୋଲକରା ପାଇଁ ହାତ ସାରା ବୋଲି ତା'ର ଲୁହ

ମୁଁ ସିନା ଫେରିବି ଆଜି, ଜେଜେଙ୍କୁ ମୋ ସ୍ୱପ୍ନରେ ଦେଖିବି
ପୁଣି ତ ଉଠିବ ସୂର୍ଯ୍ୟ ମୋ ଛାତିରେ ନାଲିଛକ ମାରି
ପୁଣି ତ ଖୋଜିବି ରିକ୍ସା, ପୁଣି ବକ୍ସିବଜାରର ଲୋକେ
ପୁଣି ତ ଅଟକି ଯିବି କଲବଲ ସମୟର ଛକେ

ଆପତ୍ତି

ତୁମେ ନ ଆସିଲେ ଭଲ। କେଜାଣି କାହିଁକି
ଭାରି ଏକୁଟିଆ ଲାଗେ ତୁମେ ଥିଲେ
ଦିନ ସାରା

ସାମ୍ନା କରି ହୁଏ ନାହିଁ। ଏତେ ଘନିଷ୍ଠତା ହେତୁ
ସବୁ ଜାଣି ହୋଇଯାଏ। ବିନ୍ଦୁ ବିନ୍ଦୁ ପାପ
କଳାଜାଇ ପରି କ୍ରମେ ଜମିଯାଏ
ମୁହଁ ସାରା

ପଛ କରି ହୁଏ ନାହିଁ। ଏତେ କଳଙ୍କରେ ଯାହା
ତଥାପି ପଡୁଚି ଛାଇ। ସୂର୍ଯ୍ୟ କିଛି ପାରେ ନାହିଁ ଜାଳି
ତଥାପି ଶିଉଳି ପରି ଜଳଛବି ବଞ୍ଚିରହେ
ପିଠିସାରା

ଆଡ଼କରି ହୁଏ ନାହିଁ। ଏତେ ଅଧଃପତନର ସତ୍ତ୍ୱେ
ହୃଦୟର ହୃଦୟରେ କଷ୍ଟ ହୁଏ
ଅପରିଚିତଙ୍କ ପରି ଛିଡ଼ା ହୋଇ ଆସେ ନାହିଁ
ଜନ୍ମସାରା

ତୁମେ ନ ଆସିଲେ ଭଲ। କେଜାଣି କାହିଁକି
ନିହାତି ଅଡୁଆ ଲାଗେ ତୁମେ ଥିଲେ
ଜମା ଜାଣି ହୁଏ ନାହିଁ କିଏ କା'ରେ ବେଶି ଭୟ କରେ
କାହା ମୁହଁ କାହା ପାଇଁ ବେଶି ନିରାପଦ ରହେ
ବର୍ଷ ସାରା

ପ୍ରେତ

ମୋ ଠାରୁ ବାହାରି ଦେଖ, ପ୍ରେତ ମୋର ଚାଲିଯାଏ
ଦାଢ଼ି କାଟି ଫରାସୀ ଢଙ୍ଗରେ
ସେ ନିଶ୍ଚେ କରିବ ରିକ୍ସା ଏବଂ ଯିବ ସମୁଦ୍ର କୂଳକୁ
ସେଠାରେ ସେ ତାସ୍ ଖେଳି ଭିନ୍ନ ପ୍ରେତଙ୍କ ସହିତ
(ଯେତେବେଳେ ଝାଉଁବଣ ଚିର୍ଚ୍ଚିରେଇ କାନ୍ଦିବେ ବହୁତ)
ସେ ପୁଣି ଆସିବ ଫେରି କଫି ପାଇଁ ପାଖ ହୋଟେଲକୁ

ବାରନ୍ଦାରେ ବାପା, ଫୁଲ ଟବ୍
ଓ ନିର୍ଜନତା
ସନ୍ଦେହରୁ ହୃଦୟହୀନତା
ସୋଜାକଥା

ପ୍ରେତ ମୋର ଦମ୍‌ନେଇ ଯାଇପାରେ ନୋଳିଆ ବସ୍ତିକୁ
ଶାମୁକା ଓ ନୀଳ ଚକ୍‌ତି ତା ଜାମାର ବୋତାମ ପାଇଁକି
ଆଣିପାରେ
ତା'ପରେ ସେ ଫେରିପାରେ ବତିଘର, ଫତିଘର ଟପି
ପାପୁଲିର ଗାର ପରି ଗଳି ଓ ଅର୍ଗଳି ଡେଇଁ
ଝର୍କାରେ ଉହୁଁକି ପଡ଼ି, ମୁହଁ ଦେଖି ଅନ୍ୟ ଦର୍ପଣରେ
ପକେଟ୍‌ରେ ଆଣିପାରେ ଯୁବତୀଙ୍କ ରକ୍ତ ଓ ଅତର
ଫେଣ୍ଟାଫେଣ୍ଟି ସମୁଦ୍ର ଫେଣରେ

ବାରନ୍ଦାରେ ବାପା, ଫୁଲ ଟବ୍
ଓ ଈଶ୍ୱର ଇତ୍ୟାଦି

ପ୍ରେତ ଆସି ଚୁପ୍‌କିନା ଗଳିଯିବ ଘର ଭିତରକୁ

ପ୍ରତିଜ୍ଞା

ଅକସ୍ମାତ୍ ଭୟଙ୍କର କୌଣସି ପ୍ରତିଜ୍ଞା
ଜନ୍ମନିଏ ଧୂଆଁର ଓହଳ ପରି
ଆଠ ପ୍ରସ୍ତ କରି ଢାଙ୍କେ । ମୋ ଇଚ୍ଛାରେ ଲକ୍ଷେ କୋଠାଘର
ମୁହୂର୍ତ୍ତକେ ହ'ନ୍ତି ଠିଆ । ଲକ୍ଷେ ସମୁଦ୍ରର ଢେଉ
ଖାତକ ଓ ବେଠିଆଙ୍କ ପରି
ମୋ ସାମ୍ନାରେ ଆତଯାତ ହ'ନ୍ତି, ଲକ୍ଷେ ଦ୍ରୁମ ପକାନ୍ତି ଚାମର

ମୁଁ ପୁଣି ପ୍ରତିଜ୍ଞା କରେ, ଯେ ମୁଁ ନିଶ୍ଚେ ଆଜି ତାରିଖରୁ
ପିନ୍ଧିବିନି ନାଲିଶାର୍ଟ, ସନ୍ଧ୍ୟା ହେବା ପୂର୍ବରୁ ଫେରିବି
ନିଶ୍ଚେ ମନ୍ଦିରକୁ ଯିବି, ଚିଠି ସବୁ ଫିଙ୍ଗିବି ଚୁଲିରେ
ବୋଉ ଅଣ୍ଟା ବିନ୍ଧା କଥା ପଚାରିବି ଡାକ୍ତରଖାନାରେ

ତା'ପରେ ଅନ୍ଧାର ଆସେ ଭିଡ଼ିମୋଡ଼ି ଝାପ୍‌ସା ନଈ ଆଡୁ
ମୋ ରକ୍ତ ଗ୍ରନ୍ଥିରେ ଶବ୍ଦ କ୍ରମାଗତ କାଠ ତରଙ୍ଗର
ମୋ ଛାତିର କିୟଦଂଶ ଜଳିଉଠେ, ଶ୍ୟାମଳ ଯନ୍ତ୍ରଣା
କେଉଁଠି ମୋ କ୍ଷୟ ମୋର କ୍ଷତି ମୋର ଗ୍ଲାନି ପ୍ରବଞ୍ଚନା
ଜର୍ଜରିତ ସ୍ମୃତି ଯଦି ଯାଏ ମତେ ଖୋଜି ଓ ଗୋଟେଇ
ମୁଁ ବେହୋସ୍ ନାଲି ଶାର୍ଟ ପଡ଼ିଥାଏ ରକ୍ତରେ ଗାଧୋଇ

ଅଭିମନ୍ୟୁ

ସେ ଆସେ ଏବଂ ଝର୍କା ନିକଟରେ କାନ୍ଦେ
ସେମାନେ ବିଶ୍ୱାସ କରନ୍ତିନି

ସେ ତା'ର ଦଗ୍ଧ ଆଙ୍ଗୁଠି ସବୁକୁ ଭିକ ମାଗେ ଥରି ଥରି
ଏବଂ ଆଣ୍ଠୁମାଡ଼ି ବସେ। ଏବଂ ପବନ ଚକ୍ରି ଖାଏ
ତା'ର ବାଳ ସବୁ ଅସ୍ତବ୍ୟସ୍ତ କରି
କିନ୍ତୁ ସେମାନେ ବିଶ୍ୱାସ କରନ୍ତିନି

ସେ ପୁନଶ୍ଚ ସିଗ୍ରେଟ୍ ଖାଇ ଚୁପ୍ ଚୁପ୍ ହୁଏ,
ହେ ଦୈତ୍ୟଗଣ, ତମେମାନେ ମୋର ହାଡ଼କୁ ଚାମୁଚ୍ କରିଚ଼
ମୋର ରକ୍ତକୁ କରିଚ଼ ସାମ୍ପେନ୍, ଓ ବାଳକୁ
ବାନ୍ଧିଚ଼ ଜୋତାରେ ଫିତା କରି
ତୁମ ଚ଼ା ବାମ୍ପରେ ମୋର ନିଶ୍ୱାସ
ତୁମ ଚୁଲିରେ ଜଳେ ମୋର ଆଙ୍ଗୁଠି
ମୋର ପିଞ୍ଜରା କାଠି ତୁମ ଜାମା ଟାଙ୍ଗିବାର ହ୍ୟାଙ୍ଗର
ଓ ମୋର ଖପୁରି ତୁମର ପିଆଲା
ଆଉ ଚାହଁ କ'ଣ
ଦୈତ୍ୟଗଣ ?

ତଥାପି ସେମାନେ (ସେଇ ନିକେଲ୍‌ର ଓଠ–ଦାନ୍ତ)
ହସନ୍ତି ଓ ବିଶ୍ୱାସ କରନ୍ତି ନାହିଁ

ତା'ପରେ ସେ ଆସେ। ଟ୍ରେନ୍‌ର ଚକ ଓ ଇଞ୍ଜିନ୍‌ରେ
ଶୁଣେ ମୋଜାର୍ଟଙ୍କ କୁହୁକ ବଂଶୀ
ଦୁଇ ହାତ ଟେକି ଧରେ, ଦୁଇ ଦୀର୍ଘ ହାତ
ଏକ କଳାରଙ୍ଗର ଜହ୍ନ ଆଡ଼େ
ଓ ମରିଯାଏ

ଅରଣ୍ୟ

ତମକୁ ପାଇବା କଷ୍ଟ। ମାସ୍କୁଲ୍‌ର ଆଣ୍ଠୁ ପରି ଗଛ
କ୍ରେନ୍ ପରି ଡାହି ସବୁ, କେଉଁଆଡ଼େ କୁଟ୍‌ରା ଓ ଘୁଷୁରି
ଘୁଙ୍ଗୁଡ଼ି ମାରିବା ଶବ୍ଦ। ଅନାବନା ଫୁଲର ଆଙ୍ଗୁଠି
କି ରକମ ଲଟା ସବୁ ଗଛସାରା ଇଜିରି ବିଜିରି

ଟଳମଳ ସୂର୍ଯ୍ୟ ଛାଡ଼େ ଉତ୍ତେଜିତ ସୀସାର କୁହାଟ
ତମକୁ ପାଇବା କଷ୍ଟ। ଏଠି ସେଠି ତମର ଘୁଙ୍ଗୁର
ତମର ପାଉଁଜ ବାଜେ ଅରଖ ଓ ଗୋଡ଼ିବାଣ ଫୁଲେ
ଦି'କୋଶ ଦୂରରେ ସ୍ୱଳ୍ପ ଗ୍ରାମାଞ୍ଚଳ, ତା'ପରେ ସହର

ଦି' କୋଶ ଦୂରରେ ଗ୍ଲାନି ମନସ୍ତାପ, ଅନ୍ଧାର ଯେଉଁଠି
ଆଣ୍ଠୁ ମାଡ଼ି ଚୁମା ଦିଏ ଅନ୍ଧାରକୁ। ଅଥଚ ଏଠାରେ
ନୀଳର ପୁନରୁଦ୍ରେକ। ଏସରାଜ ସ୍ୱର ପରି ପକ୍ଷୀ
ଥଣ୍ଟରେ ଥଣ୍ଟରେ ଯୋଡ଼େ ବଞ୍ଚିବାର ବିଭକ୍ତ ଦର୍ପଣ

ପାପୁଲିର ଗାର ପରି ଅନିଶ୍ଚିତ ବଣର ରାସ୍ତାରେ
ତମକୁ ଖୋଜିବା କଷ୍ଟ। ଅସଂଲଗ୍ନ ବାସ୍ନାମୟ ଧ୍ୱନି
ସବୁତ ତମରି ସର୍ତ୍ତ, ବିଦ୍ରୂପ ଓ ନିଃସଙ୍ଗ ପର୍ବତ
ଅଥଚ ଅନୁପସ୍ଥିତି ! ଡରିଲ ନା ଲାଜ କଲ ତମେ ?

ଯଦି ଗୋ ନ ହଜିଥାନ୍ତ, ଦୀର୍ଘଗଛ ଫୁଲର କିଆରି
ମହୁଲ ଓ ନିମ୍ବପତ୍ର, ଶାଳବନ ଶିମୁଳି ବଗିଚା
ସବୁଠି ପ୍ରତିଜ୍ଞା ଥାନ୍ତା, ଯଦି ଆଗୋ ମିଳନ୍ତ ଅବିକା
ଛାତି ପକେଟରେ ରଖି ଆଣିଯା'ନ୍ତି ନୀଳ ଛୁଞ୍ଚି ସୂତା

ଶବ୍ଦ ହିଁ ଆରାମପ୍ରଦ, ଶବ୍ଦ ତମ ସ୍ଥିତିର ଭୂମିକା
ତମକୁ ପାଇବା କଷ୍ଟ, ଏଠି ମୁଁ ଯେ ଏତେ ଏକା ଏକା
କେତେ ଶ୍ୱେତ ପ୍ରଜାପତି କେତେ ମୃତ ମୁହଁର ଗଢ଼ଣ
ତୁମରି ବିକଳ୍ପ ଗଢ଼େ ମୋ ମନର ଶ୍ୟାମଳ ଅରଣ୍ୟ

ମାସ୍କୁଲର ଆଣ୍ଠୁ ପରି ଗଛ। କ୍ରେନ୍ ପରି ଡାହିସବୁ
ତମକୁ ପାଇବା କଷ୍ଟ, ତମେ ମୁଁ ଆଉ ଏ ଅରଣ୍ୟ
ସବୁତ ତମରି ସର୍ତ୍ତ, ବିଦ୍ରୂପ ଓ ନିଃସଙ୍ଗ ପର୍ବତ
ଡର ନୁହେଁ, ଲାଜ ନୁହେଁ, ଜାଣେ ତୁମେ କେତେ କ୍ଷମାହୀନ

ବେଡ଼ିଂ ବାନ୍ଧୁଥିଲା ବେଳେ

ମୁଁ ଜାଣେ ମୋ ଟ୍ରେନ୍ ଯାଇ ଧାନବିଲୁ ଉଡ଼ାଇବ ଶୁଆ
ଓ କେତେ ସନ୍ଦେହୀ ରାତି ତାକୁ ଛୁଇଁ ନ ଛୁଇଁଲା ପରି
ଶବ୍ଦ ସବୁ ଢୁଲୁସିବେ ଭଙ୍ଗାପୋଲ ଟନେଲ୍ ଭିତରେ
ସତେ କିଏ ରାଗିଯାଇ ଟ୍ରଙ୍କ ବାକ୍ସ ଫୋପାଡୁଚି ଧରି

ମୁଁ ଶୋଇବି ନିଶ୍ଚିନ୍ତରେ କ୍ଷମାହୀନ ନଜର କାହାର
ଦେଖିବା କରିବ ପିଛା ଏବଂ କେଉଁ ସକାଳର ଖରା
ଆସ୍ତେ ଛୁଇଁ ଦେବ ମତେ, ହୋଇପାରେ କୌଣସି ନିଶାର୍ଦ୍ଧେ
ଜଣାଣ ଗାଇବି ବସି ସ୍ୱପ୍ନ ଦେଖି ମନ୍ଦିରର ଚୂଡ଼ା

ଏ ଘର ତ ମୋର ନୁହେଁ (ଯେଉଁଠାରୁ କାଦୁଅ ଛିଟ୍‌କେ)
ଯଦିଓ ଏରୁଣ୍ଡି ଟପି ମୁଁ କାହାର ତିରସ୍କୃତ ଭାଇ
ବହୁଦିନୁ ବିଦେଶରେ ବୁଲି ବୁଲି ଆସିଲି ହଠାତ୍
ମତେ ଚିହ୍ନି ପାରୁଚ ତ ? ନୂଆବୋଉ ଅଛନ୍ତି ନା ନାହିଁ ?

ମୁଁ ଗଲେ ରହିଲେ କେତେ, ମୋ ନିଜର ଛାଇ ପଡୁ ନାହିଁ
ଯିବାର ଆକ୍ରୋଶ ନାହିଁ ଫେରିବାର ଅହଙ୍କାର ନାହିଁ
ଏମିତି ବରଂଚ ଭଲ, ଖାଲି ଟ୍ରେନ୍ ଚାଲିଥିବ
ସମାନ୍ତର ଜୀବନକୁ ରାତି ଅନ୍ଧାରରେ
ଏମିତି ବରଂଚ ଭଲ ସମୟକୁ ଶୁଆଇବା
ବାଧ୍ୟ କରି ଏକା ବିଛଣାରେ
ଧାନବିଲୁ ଶୁଆ ଯିବେ ଉଡ଼ି
ସକାଳକୁ ଭରିଯିବ ସାନ୍ଦ୍ର ଏବଂ ଲୋମଶ କୁହୁଡ଼ି

ଗତି କ'ଣ ଚିହ୍ନିପାରେ ପାପ ପୁଣ୍ୟ
ଭଲ ପାଇବାର ଦୁଃଖ ?
ଆଚ୍ଛା, ଚାଲ ବେଳ ହୋଇଗଲା

ମଲ୍ଲିକାର ଘର

ମଲ୍ଲିକାର ଘର କଥା ମନେପଡ଼େ। ଛୋଟ ଚାଳଘର
ତିନିକୋଣ ଟେବୁଲଟି ଯା' ଉପରେ କୁହୁଡ଼ିର ଛାଇ
ସଂଧ୍ୟା ହେଲେ ଜମିଯାଇ ବୁଣେ ଏକ ଶୋକର ପୋଷାକ
ସ୍ତିମିତ ଲଣ୍ଠନଟିଏ, କ୍ଳାନ୍ତ ନୀଳ ଆହତ ଆଲୋକ

ମଲ୍ଲିକାର ଛୋଟଘର। ବିତିଯାଏ ପ୍ରହର ପ୍ରହର
ଦି'ଟୋପା କରୁଣ ରକ୍ତ କେଉଁ ଏକ ମୃତ ନକ୍ଷତ୍ରର
ଓଦା କରେ ତା'ର ଆଖି, ମୁହଁ ମୋର ପଡ଼ିଯାଏ ଶେତା
ଚାଳରେ ଶିହରି ଉଠେ ଛୋଟ ଏକ ଉଦାସୀନ ମୂଷା

ଗାଢ଼ ହୁଏ ସହରର ରାତି। ଏକଧ୍ୟାନେ ଲୋହିତ ପାପର
ସାରାଂଶ ସେ ଲେଖିଯାଏ, ଫୁଲି ଉଠେ ବେକେ ନୀଳ ଶିରା
ମୁଁ ମୂର୍ଖ ହିସାବ କରେ କେତେ ନଦୀ କେତେବା ସମୁଦ୍ର
କେତେ ହ୍ରଦ କେତେ ମେଘ ହେଲେ ହେବ ଗୋଟିଏ ଅସରା

ମୁଁ ହୁଏ ନିର୍ଜନ ଛାଇ ସେ'ତ ତାର ନିଷ୍ଫଳ ଶ୍ରାବଣ
ମଝିରେ ସେ ଟେବୁଲ୍‌ଟି ଯା'ର ମାତ୍ର ତିନିଗୋଟି କୋଣ

ଅନ୍ୟଲୋକ

ହେ ସଙ୍ଗାତ, ମନେଅଛି, ଆମେ ଦିନେ ଧରିଥିଲେ ଓଠ
ପରସ୍ପର ଡେଇଁବାକୁ ଭୂତିଆରି ବାଡ଼
ଇଚ୍ଛା ଥିଲା ବାନ୍ଧିବାକୁ ଘର ଗୋଟେ ତାଳ ବାହୁଙ୍ଗାରେ
ଓ ହଠାତ୍ ଆମ ନାରାଜ୍‌ରେ
ସେ କେଉଁ ଅଲକ୍ଷ୍ମୀ କୋଠା ଭାଙ୍ଗିଗଲା ଆମରି କାନ୍ଧରେ

ସୋଲର କଣ୍ଢେଇ ପରି ଦିନ ଆସେ ଟଳି ଟଳି ଯାଏ
ମତେ କେତେ ଏକାଲାଗେ, ସତେ ଅବା ମଝି ବନସ୍ତରେ
ତମେ ଗଲ କେଉଁଆଡ଼େ ସଞ୍ଜହେଲା ନାହିଁତ ଲେଉଟି
ଓ ଏଠି ଏକେଲା ପଡ଼େ ମୋ ପାଖରେ ତମ ଛତା, ତାଳପତ୍ର ପୋଥି

ତମେ ଯଦି ହସ ଖୁବ୍, ତାହା ମାନେ କେବେ ନୁହଁ ଜମା
ତମେ ମୋର ନିଜ ଲୋକ। ପ୍ୟାଣ୍ଟ ଏବଂ କମିଜ୍ ସତ୍ତ୍ୱେ ବି
ହୁଏତ କରିଚ କିଛି ଭୁଲ୍‌ରେ ଓ ସେଥିଲାଗି ହସ
ବା କିଛି ଦେଖୁଚ ଭୁଲ୍ ମୋ ଠାରେ ଓ ସେଥିଲାଗି ହସ

ତମେ ଯଦି କାନ୍ଦ ଖୁବ୍, ଦୁଃଖ କର, କିଛି ଲାଭ ନାହିଁ
(ଯେପରି ସେ ସଫାହଂସ ପୋଖରୀରେ ନାଚେ ନିଜ ପାଇଁ)
ତମେ ମଗ୍ନ ସ୍ୱଚିନ୍ତାରେ ଓ ମୋର ଏ ଦୁର୍ଦ୍ଦଶା ବିକଳ
ହୁଏତ ଡରାଏ ଏ ଖୁବ୍ ନିର୍ଜନରେ, ଡାକି ଆଣେ ପୋଖରୀ ହୁଡ଼ାକୁ
ଯେଉଁଠାରେ ଦିନେ କେବେ ମୋ ଭଳି ହେବାର ଭୟ
ଫାଶ ପରି ବାନ୍ଧିଆଣେ କରୁଣା ଓ ସହୃଦୟତାକୁ

ଆମେ ଯାଉ କାନ୍ଧ ପରେ ହାତ ଆମ ରଖି ପରସ୍ପର
ଓ ମୋର ନହକା ଅଣ୍ଟା ସିଝିଯାଏ ବାରଟା ଖରାରେ
ଯଦିଓ ମୁଁ ଜାଣେ ନିଶ୍ଚେ, ଛାଇ ମୋର ପୋଡ଼ିଗଲେ କେବେ
ସେଥିରେ ତମର ବାସ୍ନା ଓ ବିଭୂତି ମିଳିବ ପ୍ରଚୁର
ତଥାପି ବି ପ୍ରଶ୍ନଉଠେ ଦ୍ୱିପ୍ରହରେ, ମୁହଁସଞ୍ଜ ବେଳେ
କିଏ କା'ର, ସତେ କିଏ କା'ର ?

ମୋ ଇଚ୍ଛା ଘୋଷରା ହୁଏ ଲାସ୍ ପରି କୋଠାରୁ କୋଠାକୁ
ମୋ ଥୁଣ୍ଟା ବାଳ ଓ ନିଶ ଯାଏ ଧୀରେ ଜହ୍ନରେ ବତୁରି
ତମେ ହସ ତମେ କାନ୍ଦ ତମେ ଆସ ତମେ ଯାଅ ଚାଲି
ଏ ଯେପରି ମ୍ୟାଜିକ୍ ଓ ଅନେଶ୍ୱତ ସୁତୁରା ଚାତୁରୀ

କେତେ ବା କାନ୍ଦିବି ଆଉ ମୁହଁ ଗୁଞ୍ଜି ଦିନ ତିନିଟାରେ
କଲେଜ ବେଳର ବନ୍ଧୁ ସଖା ମୋର ଏକା ଅଫିସର
ତମେ ଖୁବ୍ ପାଖରେ ମୋ, ତଥାପି ବି ଭିନ୍ନଲୋକ ହୋଇ
କିଏସେ ଖତେଇ ହୁଏ ନିରୁପାୟ ମୁହଁକୁ ମୋହର

ଅବକ୍ଷୟ

ଏକ

ସେମାନେ ମତେ ଅପେକ୍ଷା କରିଚନ୍ତି
ତାଙ୍କର ସ୍ଥିର କଙ୍କରର ଆଖି
ଦର୍ଜା ସବୁ ଡ୍ରାଗନର ପାଟି ପରି ମେଲା
ଓ ସାମ୍ନାରେ ହାତ ପରି ଆଦିମ ଗଛ
ସେଥିରେ ଆଙ୍ଗୁଠି ପରି ବିଭକ୍ତ ପ୍ରାଶାଖା
ସେମାନଙ୍କର ଅପେକ୍ଷାଠୁ ବଳି
ମୋର ଆଶଙ୍କା । ସେ ଆଶଙ୍କା
ଭୟ ପରି କ୍ଲୀବ, କୁହୁଡ଼ି ପରି ଦୀର୍ଘ
ପୁଣି ସ୍ୱପ୍ନ ପରି ଜାରଜ
ଆଜି ପୁନଶ୍ଚ ଫାଲ୍‌ଗୁନ ଆସିଚି
ସନ୍ନ୍ୟାସୀର ଛତା ପରି ଯେକୌଣସି ବିଦେଶୀ ଫୁଲରେ
ସେମାନଙ୍କ କୁହୁକ ବାକ୍ସ ଦେହରେ
ଓ ମୋ କାମିଜର ଲୋଚାକୋଚା ଅସ୍ତିନରେ ବି
ଫାଲ୍‌ଗୁନ

ଅଥଚ ସେ ପାହାଡ଼ କାହିଁ
ଯେଉଁଠି ଚୋବାଇ ହେଉଥିଲା ପଦ୍ମନାଡ଼
ସେ ଘର କାହିଁ, ଯେଉଁଠି
ଭାଙ୍ଗି ହେଉଥିଲା ସ୍ତନର ତପସ୍ୟା
ସେ ନଦୀ କାହିଁ

ଯେ ତା'ର ଶାଗୁଆ କେଶ ଫିଙ୍ଗୁଥିଲା ପାରସ୍ୟକୁ
ଏବଂ ଆଜି ମୋ ଆଣ୍ଠୁର ଏ ଦରଜ ନେଇ
ମୁଁ ବା ଯଦି ଭୁଲ୍ କ୍ରମେ ଯାଏ
ଝର୍କା ସବୁ ବନ୍ଦକରି
ଭୁଲ୍ କ୍ରମେ କାହା ପାଦ ମକ୍‌ଚି
କେଉଁ କେଶବତୀ ବାସ୍ନା
ଶୁଙ୍ଘିବାର ଭୁଲ୍ ଚେଷ୍ଟା କରେ
ତା'ହେଲେ ?

ବର୍ତ୍ତମାନ ତ କ୍ଲେଶର ମଧ୍ୟାହ୍ନ
ବର୍ତ୍ତମାନ ତ ଫେରିବାର ପାଳି
ଜୋତା ପିନ୍ଧିବାର ପାଳି
କୁଟାର ଚୌକାଠରୁ, କୁଟାର ଏରୁଣ୍ଡିରୁ
ଲେଉଟିବାର ପାଳି
ଭଙ୍ଗା ମଦର ବୋତଲରେ ଜିଭ ଚିରିବାର ପାଳି
ବର୍ତ୍ତମାନ ମେଘର ଈର୍ଷାରେ
ଆକାଶର ସନ୍ଦେହରେ, ସୂର୍ଯ୍ୟର ଅହଂକାରରେ
ଲୋହିତ ହେବାର ପାଳି
ବର୍ତ୍ତମାନ କ୍ଲେଶର ମଧ୍ୟାହ୍ନ

ଦୁଇ

(ଯୁବତୀମାନଙ୍କୁ)
ଶନିବାର ଆସିବା ପୂର୍ବରୁ
ଇଚ୍ଛାରୁ ଉତାର ପଦ୍ମ, ସ୍ମୃତିରୁ ଉତାର ରକ୍ତ
ଦେହରୁ ଉତାର କ୍ରମେ ବିସ୍ମୃତିର ଅନୁପସ୍ଥିତିକୁ
ଶନିବାର ଆସିବା ପୂର୍ବରୁ
ଦ୍ୱାର ବନ୍ଦ କର

କାପ୍ତାନ୍ ପ୍ରତି

କାପ୍ତାନ୍, ଲାଗିବ ନିଆଁ ଅନିବାର୍ଯ୍ୟ, ଆଉ ଏ ଜାହାଜ
ଜଳିଯିବ ରୌଦ୍ର ତାପେ ଯେହ୍ନେ କିଛି ବାଦାମି ଶିଉଳି
ଆମେ ଯେତେ ଖୋଳ ପରି ଫମ୍ପା ମନ ସବୁରି ବଳ୍କଳ
ଅଚିରେ ଝଡ଼ିବ ଅବା ଶୁଷ୍କ କ୍ଷତୁ ଝଡୁଚି ବକୁଳି

ସୂର୍ଯ୍ୟ ଦେଖି ଛିଟ୍‌କି ଯାଏ ଆକାଶର ଜଳନ୍ତା ମୈଦାନୁ
ଭୟାର୍ତ୍ତ ଭାବରେ ପଶେ କେଉଁ ଏକ ଗୁମ୍ଫା ଫାଙ୍କ କରି
ଅବା ଆତତାୟୀ ଏକ ନାରୀହତ୍ୟା ଭ୍ରୁଣହତ୍ୟା ପରେ
କନ କନ ହୋଇ ବୁଲେ ବାରଦ୍ୱାର ତେରଶହ ଗଳି

ଆମେ ତ ଜାଣିନୁ ଜମା କାଲି ରାତି ସମାପ୍ତ ପ୍ରହରେ
ହଠାତ୍ କେମିତି ଏକ ଭିନ୍ନଦେଶୀ ବତାସ ବହିଲା
କମ୍ପାସ ହଜିଲା ଏବଂ ଭିନ୍ନ ଏକ ଧ୍ରୁବତାରା ହସ
ଜାଲ ହସ୍ତଖତ ପରି ଲକ୍ଷ୍ୟପଥୁ ଓଟାରି ଆଣିଲା

କିଏ ସେ ଅନ୍ୟାୟ କରେ ଆମେ ତା'ର ପ୍ରତିଫଳ ପାଉ
କଦର୍ଯ୍ୟ ହସର ଢେଉ ଲୋଟିଯାଏ ଉହାଡ଼େ ଆମରି
କିଏ ସେ ପ୍ରଣୟ କରେ ଆଉ କା'ର ଅବୈଧ ସନ୍ତାନେ
ନିଜର ମୋହର ମାରି ଆମେ ବସୁ ସ୍ୱୀକୃତି ସଜାଡ଼ି

କାପ୍ତାନ, ଲାଗିବ ନିଆଁ ଅନିବାର୍ଯ୍ୟ ଆଉ ଏ ଜାହାଜ
ଜଳିଯିବ ରୌଦ୍ର ତାପେ ଯେହ୍ନେ କିଛି ବାଦାମି ଶିଉଳି
ଆମେ କିଛି କୁଟାପରି, କାଠି ପରି, କଣ୍ଠାଗ୍ରତ ପ୍ରାଣ
ଶହୀଦ ହେବାର ପୁଣ୍ୟ ଅନିଚ୍ଛାରେ ଆଣିବା ଓଟାରି

ହେ କାପ୍ତାନ ଦେଖ ଦେଖ, ଗୋଟାକେତେ ଜାଲିମ ନକ୍ଷତ୍ର
ଏକ କୁମନ୍ତ୍ରଣା ପରେ ନିଜ ନିଜ ଜାଗାରୁ ଓହରି
ଗୋଳେଇ ପକାନ୍ତି ଦେଖ ଚିହ୍ନା ମୋର ଧ୍ରୁବ ତାରାଟାକୁ
ଗିର୍ଜାକୁ ଗୋଇଠା ମାରି, ବିଶ୍ୱାସକୁ ତଛନଛ କରି

ହେ କାପ୍ତାନ, ଗତି କାହିଁ ମୁକ୍ତି କାହିଁ – ଏଁ କାପ୍ତାନ କାହିଁ ?
(ମାସ୍ତୁଲ ଧରିଚି ନିଆଁ, ଇଞ୍ଜିନରେ ପଶୁଚି ଧସେଇ)
କାପ୍ତାନର କୋଟ୍ ଭାସେ ଢେଉଙ୍କର ଚିରା ମସିଣାରେ
ଅନେକ ହାଙ୍ଗର ତିମି ତାକୁ ତେଣେ ନେଲେଣି ଗୋଟେଇ

ଅଳ୍ପ ବୟସ

ଘୋଷକ

ଏ ମୋର ଗୀତ, ଅଳ୍ପ ବୟସର ଗୀତ, ଯୌବନର ଗୀତ
ଏଠି ଫୁଲ ଅଳ୍ପ ବୟସର, ଫଳ ଅଳ୍ପ ବୟସର । କିଏ ଏଠି
ରୁପାର ବେହେଲାରେ କ୍ରୋଧ ଉଜ୍ଜ୍ୱଳ ତାର । ଆଉ କିଏ
ଉନ୍ନିଦ୍ର ସହରରେ, ମସୃଣ ନିଦର ଘର । କିଏ ଏଠି
କ୍ରୁଶ୍‌ର କଣ୍ଟାରେ ଲାଞ୍ଛିତ ଈଶ୍ୱରଙ୍କ ରକ୍ତ । ଆଉ କିଏ
ତା'ର ପ୍ରକ୍ଷାଳନର, କୋମଳ ବର୍ଷାପାତ

କୋରସ

ଯୌବନ ମୁଁ ଯେ ଯୌବନ
ମୁଁ ଯେ ହୀରା ମୁକ୍ତାର ଅଙ୍ଗନ
ମୁଁ ଯେ କୋମଳ ହୃଦୟ କମ୍ପନ
ମୁଁ ଯେ ପ୍ରବାଳ ପକ୍ଷୀର ଗୁଞ୍ଜନ
ମୁଁ ଯେ ନବଜାତ ଏକ ଶିଶୁର କପାଳେ
ପ୍ରଥମ ସୂର୍ଯ୍ୟ ଚୁମ୍ବନ

ଘୋଷକ

ମୁଁ ଅଳ୍ପ ବୟସ । ମୋର ରୁଦ୍ରାକ୍ଷ ରଙ୍ଗର ଓଠ
ମୋର ଅହଂକାରର ଆଖି । ମୋର ଉଚ୍ଚାରଣରେ
ଆଲୋକିତ ବର୍ଣ୍ଣମାଳା । କେତେବେଳେ ମୁଁ
ବନ୍ଦୀ ରାଜପୁତ୍ରର ମଳିନ ଉତ୍ତରୀୟ, ନିଷ୍ପାପ ତରବାରି
କେତେବେଳେ ମୁଁ ଗ୍ରାମ୍ୟ ବାଳିକାର ରୁକ୍ଷ କେଶରେ
ଲାବଣ୍ୟ ଫୁଲର ମାଳା

କୋରସ୍

ମୁଁ ଯେ ଜୀବନ ଜ୍ୱାଳାର ଦଂଶନ
ମୁଁ ଯେ କୁମାରୀ ହାତର କଙ୍କଣ
ମୁଁ ଯେ ନାୟିକା ନୂପୁର ନିକ୍ୱଣ
ମୁଁ ଯେ ଯୁବତୀ ଚିବୁକ ଚିକ୍କଣ
ମୁଁ ଯେ ଗୋପନ ହୃଦୟ ଅର୍ପଣ
ମୁଁ ଯେ ନୟନକୁ କରେ ଦର୍ପଣ
ମୁଁ ଯେ ଉଦାସୀ ରାଜାର ଶ୍ୟାମଳ ବେହେଲା
ନଦୀରେ ହଜାଏ ଗୁଞ୍ଜନ

ଘୋଷକ

ମୁଁ ଯୌବନ। ମୁଁ ଚିରଦିନର ଜିପ୍‌ସି ମନ
ବିକଟ ପାହାଡ଼ରୁ ମୁଗ୍ଧ ନଦୀ ପର୍ଯ୍ୟନ୍ତ ମୋର ବିଚରଣ
ଦେଖ, ମାଛ ଶୋଇଚି ନଦୀର ଗୋପନ ଘରେ। ନଦୀ
ଶୋଇଚି ଜଳଦେବତାର ଦୋଳଣାରେ। ମୋର
ଶ୍ୱେତ ନଖର ଛୁରୀରେ ମୁଁ ଭାଙ୍ଗେ ମାଛର ଗୋପନତା
ଶ୍ୱେତ ହାତର କୁଠାରରେ ଭାଙ୍ଗେ ଜଳଦେବତାର ଗର୍ବ
ମୁଁ ଯୌବନ। ମୁଁ ଚିର ଦିନର ଜିପ୍‌ସି ମନ

କୋରସ୍

କପଟ ନ କର ନଦୀ ଖୋଲ ଗୋ କବାଟ
ଉଦାସ ମୁଁ ରାଜାପୁଅ ଆସିଛି ନିକଟ
ଜଳର ଭଉଁରି ତୋର ଜଳର ଚଉଁରୀ
ନଦୀରେ ଲୁଚାଇ ନେଲୁ ମୋର ଶୁଆଶାରୀ
ସ୍ୱର୍ଗେ ଲାଗେ ଡାଳ ନଦୀ ମଝେ ଲାଗେ ଡାଳ
ଶୁଣିକି ପାରୁନୁ ଫୁଲ ଗଛର ବିକଳ
କପଟ ନ କର ନଦୀ ଖୋଲ ଗୋ କବାଟ
ଅବୁଝା ମୁଁ ରାଜାପୁଅ ଆସିଛି ନିକଟ

ଘୋଷକ

ମୁଁ ଅଳ୍ପ ବୟସ। ମୁଁ ଫୁଲ ଭଲ ପାଏ। ହେଲେ
କେଜାଣି କାହିଁକି, ଏକୁଟିଆ ଫୁଲ ବଗିଚାରେ
ମତେ ଉଦାସ ଲାଗେ। ଆଉ ଯଦି କେବେ, ସଂଧ୍ୟାବେଳେ,
ଆକାଶ ଘୋଟି ମେଘ ଉଠେ, ମୋ' ଛାତି ଭିତରେ
କେଜାଣି କେଉଁଠି, କଷ୍ଟ ହୁଏ

କୋରସ୍

କେବେ ବୈଶାଖ କେବେ ମୁଁ ଫଗୁଣ
କେବେ ଆଷାଢ଼ ମୁଁ କେବେ ବା ଶ୍ରାବଣ
କେବେ ଉଲ୍ଲାସ କେବେ ମୁଁ କରୁଣ
କେବେ ଅନୁମତି କେବେ ମୁଁ ବାରଣ
କେବେ ଫୁଲବନ କେବେ କୋଳାହଳ
କେବେ ନିର୍ଜନ ଖାଲି ନିର୍ଜନ

ମୁଁ ତ କୁମାରୀ ଝିଅର ପ୍ରେମ ଗୋ
ମୁଁ ତ ଅନୁପସ୍ଥିତ ଶ୍ୟାମ ଗୋ
କେବେ କାହାର ଲାଜରେ ଲାଜରା
କେବେ କାହାର ଗଳାରେ ଗଜରା
କେବେ ନିଷ୍ପଳ ଦୁଇ ନୟନେ କାହାର
ସବୁଜ ସୁନୀଳ ଅଞ୍ଜନ

ଘୋଷକ

ଅଗ୍ନିର ଉତ୍ସବରେ ମୋର ତୃପ୍ତି। ପ୍ରଜ୍ୱଳନରେ ମୋର
ସାନ୍ତ୍ୱନା। ସନ୍ତ୍ରାସର ଅଗ୍ନି। ବିସ୍ଫୋରଣରେ ଅଗ୍ନି।
ଉଚ୍ଛେଦନର ଅଗ୍ନି। ସମ୍ଭାବନାର ଅଗ୍ନି। (ଏତେ ଗର୍ବ
ଭଲ ନୁହେଁ, ମୃତ୍ୟୁ) ମୁଁ ଅଳ୍ପ ବୟସ

କୋରସ୍

ମୁଁ ତ ରକ୍ତରେ ଲେଖା ଅକ୍ଷର
ମୁଁ ତ ଲୋହିତ ଝଡ଼ର ସ୍ୱାକ୍ଷର
ମୁଁ ତ ପାଗଳ ରାଜାର ମନ୍ତ୍ରଣା
ମୁଁ ତ ଅନୁପସ୍ଥିତିର ଯନ୍ତ୍ରଣା
ମୁଁ ତ ଅସ୍ଥିରେ ଅଙ୍କା ସ୍ୱସ୍ତିକ
ମୁଁ ତ ଅଶୁଭ ନିଷେଧ ପୁସ୍ତକ
ମୁଁ ଯେ ଆଗମନ ମୁଁ ଯେ ପ୍ରସ୍ଥାନ
ମୁଁ ଯେ ଉତ୍ଥାନ ଅବତରଣ
ମୁଁ ଯେ ଅପମାନିତର ଅପମାନ
ମୁଁ ଯେ ଅବଚେତନାର ଚେତନ
ମୁଁ ଯେ ବିସ୍ମୃତ କେଉଁ ସଙ୍ଗୀତ
ତା'ର ଇଙ୍ଗିତଭରା ସ୍ମରଣ
ମୁଁ ଯେ ପ୍ରଦୀପ ବିହୀନ, ସହର ଛାତିରେ
ପ୍ରଥମ ଚନ୍ଦ୍ରକିରଣ
ମୁଁ ଯେ ଆହତ ବିଷମ
ଅଗ୍ନି କୁସୁମ
ଝରିଲେ ଜଳାଏ ଅଙ୍ଗନ

ଘୋଷକ

ମୁଁ ପ୍ରତିଜ୍ଞା, ଫେରି ଆସିବାର ପ୍ରତିଜ୍ଞା
ତୁମର ମଞ୍ଚର ରକ୍ତକୁ, ତୁମର ଅସ୍ପଷ୍ଟ ସ୍ୱପ୍ନକୁ
ତୁମର ଅଣଲେଉଟା ସମୟକୁ, ତୁମର ନିଷ୍ଫଳ
ଗର୍ଭାଶୟକୁ, ଫେରି ଆସିବାର ପ୍ରତିଜ୍ଞା

ଲୋହିତ ଅପେରା

ବିକୃତ ଚିନ୍ତା

ଯେଉଁଦିନ ବାରଟାରେ ଘାଣ୍ଟୁ ଦ୍ୱିପ୍ରହରେ
ଯେଉଁଦିନ ସୂର୍ଯ୍ୟ ଫାଟି ଝରିପଡ଼େ ପାପ, ରକ୍ତ, କ୍ଷତି ଓ ଖଙ୍କାର
ଲୁହାର ମାସ୍ତୁଲ ପରି ଛିଡ଼ାହେବି ବକ୍ସିବଜାରରେ । ହାତରେ
ମାର୍ଟୁଲ୍ ଧରି, ପ୍ରତ୍ୟେକ କୋଠାର ଇଟା ଖଣ୍ଡ ଖଣ୍ଡ କରି
ରକ୍ତକରି କୁଳୁକୁଞ୍ଚା ଓଦାକରି ପୋଲିସ୍‌ର ମୁହଁ । ଭାଙ୍ଗି ପାନ
ଦୋକାନର ଆର୍ସି, ରିକ୍ସାଚକ, ଚୂନାକରି ସମସ୍ତ ଆଲୁଅ
ଛିଡ଼ାହେବି ଛକ ପରେ, ବାରଟାରେ, ବକ୍ସିବଜାରରେ

ଛିଡ଼ାକରି ଆଉ ଲୋକ ପାଞ୍ଚଲକ୍ଷ, ପାଞ୍ଚଲକ୍ଷ ରିକ୍ସା ଓ ମଟର
ପାଞ୍ଚଲକ୍ଷ ନାରୀ ଓ ପୁରୁଷ । ମୁଁ ଡାକିବି ହର୍ଷଭରେ
ମୁଁ ଡାକିବି ବକ୍‌ସିବଜାରରେ, କେଉଁଠାରେ ତୁମେ ବକ୍ସି
ଆସ ଜଲ୍‌ଦି, ଆସ ଆସ ଆସ
କିପରି ବଜାର ତୁମେ ସଜାଇଚ
କେତେ ରଙ୍ଗେ, କେତେ ଘୃଣା, କେତେ ବା ପୁଲକେ
କାହିଁ ସେ ଯେ ଦିନେ ଥିଲା ଏହିଠାରେ ? ନିଷ୍ଠୁର ଆଲୋକେ

ମୋର ପିତୃପୁରୁଷଙ୍କ ଛାଇପଡ଼େ । ସୂର୍ଯ୍ୟ ହୁଏ ରକ୍ତ ଓ ଖଙ୍କାର
ଜଳଇ ତୁଳସୀଗଛ ନିର୍ବାଚନ ମନ୍ତ୍ରୀ ଇସ୍ତାହାର । ଏ କେଉଁ
ଅଦ୍‌ଭୁତ ନିଆଁ ଲଗାଇଚ ବକ୍ସି ଏ ବଜାରେ ? ତେଇଶଟି ବର୍ଷ ମୋର
କେଉଁପରି ଧ୍ୱଂସ କଲ ! ନିରାନନ୍ଦ କ୍ଷୋଭ ଘୃଣା ତ୍ରାସ, କୁହ ବକ୍‌ସି

ଲୁହ ସବୁ କାହିଁଗଲା ଆଖି ଛାଡ଼ି, ହୃଦୟରୁ ରକ୍ତଗଲା ଉଡ଼ି
କାହାର ପ୍ରତିଜ୍ଞା ଯାଇ ନଷ୍ଟ କଲା କାହାର ଦିହୁଡ଼ି । କୁହ ବହ୍ନି,
କୈଫତ୍ ତଲବ କରେ, ମୁଁ ଏଠାରେ ବିଚାରକ, ମୁଁ ଧର୍ମଯାଜକ
ନଚେତ୍ କରିବି କଣା ମୋ ଜୋତାରେ ପୃଥିବୀର ପେଟ
ଆଖି ନାହିଁ କାନ ନାହିଁ, ମୁଁ ଜାରଜ ଧର୍ମପୁତ୍ର
ମତେ ଆଉ ଦୋଷ ଦେବ ନାହିଁ

ସେଇଦିନ ସନ୍ଧ୍ୟାବେଳେ । ମୃଦଙ୍ଗର ପେଟପରି ଫାଙ୍କା ଏକ
ବହ୍ନିବଜାରରେ ପଡ଼ିଥିବ କିଛି ରକ୍ତ । ଜଳିବନି ଗୋଟିଏ
ଆଲୋକ

ଦୁର୍ଘଟଣା

ପ୍ରଥମେ ଶାଳପତ୍ରରେ ସୂର୍ଯ୍ୟର ଯନ୍ତ୍ରଣା ରିଂ ରିଂ ହୋଇ
ବାଜେ । ତା'ପରେ ସାତୋଟି ବଶମ୍ବଦ ତାରା ଯଥାକ୍ରମେ
ମ୍ରିୟମାଣ ହୋଇଉଠନ୍ତି । ତିମିର ଓ କାପୁରୁଷ ମେଘ

କାହାର ଉଦାସ ଦୀର୍ଘ ବାହୁ, କୁଣ୍ଠିତ ଜହ୍ନର
ଇଲାକାରେ ଫିଙ୍ଗିଦିଏ ସବୁଜ ଦର୍ପଣର ଟୁକୁରା
ରୋଷଦୀପ୍ତ ନୀଳ ପ୍ରବାଳର ଖଣ୍ଡ ସବୁ

ଯାଯାବର ସମୟ । ତା'ର ଓଟ ଓ ଘୋଡ଼ାରେ
ଗଠିତ ଅଙ୍ଗପ୍ରତ୍ୟଙ୍ଗ ସକଳ

ନିଃସଙ୍ଗ କ'ଣ ଘରେ ତୁମେ କୌଣସି ମହମବତିକୁ ଜାଳ
ଆଉ ଲିଭାଅ । ଜାଳ ଆଉ ଲିଭାଅ । ଜାଳ ଆଉ ଲିଭାଅ
ମୁଁ ଝର୍କା ଏ ପଟେ କୁହୁଡ଼ି ହୋଇ ଚାହେଁ
ମୁଁ କ୍ରମଶଃ ପ୍ରଶସ୍ତ ହୁଏ ତୁମ ଅହଂକାରର ସାମ୍ରାଜ୍ୟରେ
ଆଉ ତୁମେ ଜଳିଉଠ ଏକ ନିଷ୍ପାପର ଲୋହିତ ଈର୍ଷାରେ

ଟେବୁଲ୍‌ର ଧୂସର ଚମଡ଼ା ଉପରେ ପଡ଼ିଥାଏ
ମୋର ଉଲଗ୍ନ ଦେହ । ତୁମେ ଆସ ନିର୍ଜନତା ହୋଇ
ଖୋଲିଦିଅ ରେଶମ ଦସ୍ତାନା । ତା'ପରେ ତୁମର ଦଶଟି ତୀକ୍ଷ୍ଣ ନଖ
ବିଦ୍ଧକର ମୋର ନାଭି କମଳରେ । ଦଶଟି ରକ୍ତଶୂନ୍ୟ କ୍ଷତ
ଦଶଟି ଉଜ୍ଜ୍ୱଳ ଆଖି ହୋଇ ଚାହିଁରହେ ତୁମକୁ
ତୁମର କୁଞ୍ଚିତ କେଶରାଶି ଦେହର ଶିରା ପ୍ରଶିରା

ପରି ସଚଳ ହୋଇ ଉଠନ୍ତି। ତୁମେ ବିବ୍ରତ ହୋଇ ସେଥିରେ
ଢାଙ୍କି ରଖ ତୁମ ବିବର୍ଣ୍ଣ ମୁହଁର ଜ୍ୟାମିତି

ତା'ପରେ କେଉଁଠି କ'ଣ
ଖଣ୍ଡ ଖଣ୍ଡ ହୋଇ ଭାଙ୍ଗି ପଡ଼ିବାର
ଶବ୍ଦ

ଶୀତଋତୁ

ଶୀତର ମର୍ଯ୍ୟାଦା କ'ଣ ?
ଦୁଇ ଟୋପା ନୀଳ ରକ୍ତ ଛଡ଼ା
କୌଣସି ଉଦାସ ଚୌକି
ଗୋଟାକେତେ ମ୍ରିୟମାଣ ତାରା
ଭଙ୍ଗା ନିକେଲ୍‌ର ଆଖି
ଦୁଇ ଶୁଷ୍କ ପାପୁଲିର ପାରା

ଚାଲ ତୁମ କ୍ରୁଦ୍ଧ ସହରକୁ
ଗଛସାରା ସ୍ଥୂଳ ପତ୍ରମାନ ଝୁଲୁଚନ୍ତି ପର୍ଦା ହୋଇ
ଗୋରୁଙ୍କର ଆଖିର ଚାମର
ସମୁଦ୍ର ଓଳାଇ ଶୀତ ଓଦା କରେ ଉଲଙ୍ଗ ଗୋଚର

ସ୍ମୃତି ହୁଏ ବିଷଣ୍ଣତା
ବିଷଣ୍ଣତା ନଦୀ ହୁଏ, ସମୁଦ୍ରରେ ମିଶେ
ସମୁଦ୍ର ପୁନଶ୍ଚ ଆସେ ଫେରିଯାଏ
ଆସେ ଓ ପୁନଶ୍ଚ ଫେରେ, ଆସେ ଓ ପୁନଶ୍ଚ ଫେରେ
ଆସେ ଓ ପୁନଶ୍ଚ ଫେରେ
ଅବଶେଷେ ଶୀତଋତୁ ହୁଏ

ଘୋଡ଼ା ଚଢ଼ି ଆସ ଶୀତଋତୁ, ହାତୀ ଚଢ଼ି ପାନିକିରେ ଆସ
ପାହାଚର ଶେଷଯାକେ ଓ ଚଟାଣ ହୋଇଲେ ଆରମ୍ଭ
ଦୁର୍ଦ୍ଦାନ୍ତ କହୁଣି ମାଡ଼େ ଭାଙ୍ଗିଦିଅ ସବୁ ଧାତୁ ସ୍ତମ୍ଭ

ତମକୁ ଉତ୍ତର କ'ଣ ଚନ୍ଦ୍ରକଳା ?
ତମେ ଯିଏ ଫୁଲ ଛାଞ୍ଚୁଣୀରେ
ଆଉଁଶି ମୋ ଚୌଡ଼ା କାନ୍ଧ, ବର୍ଷାଋତୁ ପରି ପ୍ରେମକରି
ତିନି ମାସ ପରେ ପୁଣି ଶୀତଋତୁ ହୋଇ ଧ୍ୱଂସ କଲ

ଚନ୍ଦ୍ରୋଦୟ

ଚନ୍ଦ୍ରୋଦୟ ହେଲେ ପର୍ବତ ପାଲଟେ ଦୀର୍ଘ ଚମ୍ପାଗଛ
ଯୁବତୀ ମାଛର ପରି ଜ୍ୟୋତ୍ସ୍ନା ଚଳେ ନଦୀର ଗର୍ଭକୁ
ରୁଗ୍ଣଗଛ ସାରା ସହସା କଅଁଳି ଉଠେ ନୂଆ ମାଂସ
ସୁସ୍ଥ ରକ୍ତସ୍ରୋତ, ଅକସ୍ମାତ ବହିଯାଏ ସହରରୁ ଅନ୍ୟ ସହରକୁ

ମୁଁ କିସ ଜାଣିଚି ନାରୀ, ଚନ୍ଦ୍ର କେବେ ଉଏଁ ଅସ୍ତଯାଏ
ସବୁ ଶୁକ୍ଳପକ୍ଷ ମୋର କଟିଲା ତୋ' ବାହୁବନ୍ଧନରେ
ଚନ୍ଦ୍ର ଆସି ଚାଲିଗଲା (ତୋ ମୁହଁର ସଦୃଶ ଚନ୍ଦ୍ରମା)
ଅଜାଣତେ କଟିଗଲା ତ୍ରୟୋଦଶୀ ଅଷ୍ଟମୀ ପୂର୍ଣ୍ଣିମା

ଚନ୍ଦ୍ର ଆସି ଚାଲିଗଲା । ପରିଷ୍କାର ସୂର୍ଯ୍ୟ କିରଣରେ
ଦେଖିଲି ପଡ଼ିଚି ମୋର କ୍ଳାନ୍ତ ଶବ ତୋ'ର ଖଟତଳେ
ମୋ ଅଶ୍ଳୀଳ ରକ୍ତ ବହି ସ୍ନାତ କରେ ସାରା ଚଟାଣକୁ
ତୁ କିନ୍ତୁ ଯତ୍ନରେ, ପ୍ରତ୍ୟେକ ଦାନ୍ତରୁ ପୋଛି ସାରିଅଛୁ ରକ୍ତଦାଗ
ସାରିଅଛୁ ସ୍ନାନ ଏବଂ କବରୀରେ ଖୋସିଚୁ ସ୍ତବକ
ପୁଲକେ ଯାଉଚୁ ଚାଲି ରୌଦ୍ରୋଜ୍ଜ୍ୱଳ ସହର ମଝିକୁ

ମୁଁ କହିଲି, ଶୁଣଲୋ ମିତଣୀ । ଆମର ସମ୍ପର୍କ ଆଉ ଏଠି ନାହିଁ
ଦୂର ଜଙ୍ଗଲରେ ପର୍ବତର ସନ୍ନିକଟେ ଡାକୁଅଛି ଘାତକ ଚନ୍ଦ୍ରକୁ
ପୁଣି ସନ୍ଧ୍ୟା ହେବ ଏବଂ ଯୁବତୀ ମାଛର ପରି
ଜ୍ୟୋତ୍ସ୍ନା ଯିବ ନଦୀର ଗର୍ଭକୁ
ପର୍ବତ ଉପରେ ଜହ୍ନ ଦିଶୁଥିବ ଏବଂ ତୋ'ର ଉଲଗ୍ନ କାନ୍ଧରେ
ଅବଶ୍ୟ ରଖିବ ଗାଲ । ମାରାତ୍ମକ, ଲୋହିତ ଆଲୋକେ
ପୂର୍ଣ୍ଣ ହେବ ଗର୍ଭକୋଷ । ତୁ ଦେଖିବୁ ବିମର୍ଷ ନିଦରେ
ଯାହାକୁ କରିଚୁ ହତ୍ୟା ଦିବସର ତୀକ୍ଷ୍ଣ ସୂର୍ଯ୍ୟାଲୋକେ

ଅକଳଙ୍କ ଚନ୍ଦ୍ର ପରି, ସେ ଶୋଇଚି ଏକା ବିଛଣାରେ
ପୁଣି ଚନ୍ଦ୍ରୋଦୟ ଠାରୁ ଚନ୍ଦ୍ରୋଦୟ ଯାକେ
ଶୋଇଥିବୁ କ୍ଷୁଧିତା ରମଣୀ । ମୁଁ ନିଜର ଅଶ୍ଳୀଳ ରକ୍ତରେ
ଧୋଇନେବି ସବୁ ପବିତ୍ରତା । ପ୍ରତି କୋଠରିରେ ପୁଣି
ଉଭାହେବେ ସୁନ୍ଦର ଦେବତା । ମୁଁ ନିରୀହ ଅପରାଧେ
ଭରିଦେବି ସବୁ ରକ୍ତଧାରା । ଲକ୍ଷ ଲକ୍ଷ ଚନ୍ଦ୍ର ପୁଣି
ଉଭାହେବେ ତୋ'ର ଦେହସାରା । ପାପ ପରି ସ୍ନିଗ୍ଧ ତୋ'ର ଦେହ
କୋମଳ ଗର୍ବରେ ପୁଣି ଛିଡ଼ାହେବ,
                    ଯେତେବେଳେ ହେବ ଚନ୍ଦ୍ରୋଦୟ

ପ୍ରତିଜ୍ଞାର ଭାର

ଜାଳନା ମହମ୍‌ବତି, ସମୁଦ୍ରରୁ ନୀଳ ଶୀତ ଆସି
ମୋ ଦେହେ ଔଷଧ ଗନ୍ଧ ଛିଞ୍ଚି ଦେଉ
ମୋ ଓଠର ବଗିଚାରେ ହେଉବା ପ୍ରଥମ ଥର
ଦୁଇଟି କୁଣ୍ଠାର ଗଛ ଉଠୁ, ଉତ୍କଣ୍ଠାର ନୁହେଁ
ଜାଳନା ମହମବତି, ଯେ ଆଲୋକ ଗିର୍ଜାଠାରୁ
ବେଶି ଭୀରୁ ବେଶି ମାରାତ୍ମକ
ସେ ପୁଣି ପକାଏ ମନେ ଗିର୍ଜା କଥା
ପ୍ରଜ୍ଞା ଏବଂ ପ୍ରତ୍ୟୟର କଥା

ବରଞ୍ଚ ସାମାନ୍ୟ ଶୀତ କୁରାଢ଼ିର ଧାର ହୋଇ ଆସୁ
ପ୍ରବୀଣ ସମୟ ପରି ପାପର ପ୍ରହରୀ ହୋଇ ଆସୁ
କେହି ଯେ ଏ ପ୍ରକୋଷ୍ଠରେ ଅଦୂରସ୍ଥ ଚଉକି ଉପରେ
ମୋ ପାଇଁ ନଦୀର ପରି ବହିବାକୁ ଚୁକ୍ତି କରିସାରି
ପ୍ରତିଜ୍ଞାର ଭାର ସହିଥିଲା

ବରଞ୍ଚ ସାମାନ୍ୟ ଶୀତ ପାପର ପ୍ରହରୀ ହୋଇ ଆସୁ

ସମବେଦନାର ଠାରୁ ଦୁଃଖ ନାହିଁ ବେଶି ଆଉ କିଛି
ସ୍ମୃତି ଓ ମୃତ୍ତିକା: ଜାଣେ ମୃତ୍ତିକା ହିଁ ବେଶି ଅନୁର୍ବର

ଆତ୍ମଜ୍ଞାନ

ମୁଁ କେତେ ନ ଥାଏ ଭାବି କହିବାକୁ ପଡ଼ିଶା ଘରର
ମରଦମାନଙ୍କୁ ଡାକି ଯେ ମୁଁ ଏକ ନିଷ୍କପଟ ଲୋକ
ସକାଳରୁ ଧଳା କୁର୍ତ୍ତା ପିନ୍ଧି ଯାଏ ପାହାଡ଼ ଆଡ଼କୁ
ତା'ପରେ ପୁନଶ୍ଚ ଟପେ ଲମ୍ବା ରାସ୍ତା ଦୃକ୍‌ପାତ ନ କରି
କେବଳ ଓଳଗି ହୁଏ ଦ୍ୱିଜ ଏବଂ ବୟସ୍କମାନଙ୍କୁ
ଏବଂ ମୋ ଘରର ଦର୍ଜା ଆଉଜେଇ ପଶିଲା ମାତ୍ରକେ
ପକେଟରୁ ଡେଇଁଯାନ୍ତି ତମ୍ପ ସାପ ଛୁଆ ତିନି ଚାରି

ମୁଁ କେତେ ନ ଥାଏ ଭାବି କହିବାକୁ ପଡ଼ିଶା ଘରର
ପିଲାଙ୍କୁ ଏଠାକୁ ଡାକି ଯେ ମୁଁ ମାତ୍ର କେତେଦିନ ପରେ
ଅତ୍ୟନ୍ତ ପ୍ରଫୁଲ୍ଲ ମନେ ଘୋଡ଼ା ହାତୀ ଇତ୍ୟାଦି ହକାରି
କରିବି ପ୍ରକାଣ୍ଡ ପର୍ବ। ନିଜେ ହେବି ଆଳୁଅର ଗଛ
ଡାଳେ ଖଞ୍ଜି କାକତୁଆ, ଗର୍ଭବତୀ ଚିଲ ଓ କୁକୁଡ଼ା
ମୋ ସନ୍ନିଧେ ନିଶାର୍ଦ୍ଧରେ ବାହୁନିବେ ବାପମାଆମାନେ
ଯେ ସବୁରି ବଡ଼ପୁଅ ପର୍ବ ଦେଖି ବାହୁଡ଼ିଲା ପରେ
ପାଟିରୁ ଓଗାଳେ ଫେଣ, ଅକସ୍ମାତ୍ ପଡ଼ିଯାଏ କଳା

ମୁଁ କେତେ ନ ଥାଏ ଭାବି କହିବାକୁ ପଡ଼ିଶା ଘରର
ସ୍ତ୍ରୀଲୋକମାନଙ୍କୁ ଡାକି ଯେ ମୁଁ ତୁମ ସାନ ଭାଇ ବୋଲି
ତୁମେ କିଆଁ ଦର୍ଜା କିଳ ! ଓ ଏସନ ବାଆଁରେଇ ହୋଇ
ପଶନ୍ତି ତାଙ୍କର ଘରେ କ୍ରମେ ଟପି ଭିତର ଏରୁଣ୍ଡି
ଧରନ୍ତି ତାଙ୍କର ପିଛା ଯାହା ସବୁ ଅପସୃୟମାନେ
ଆଡ଼ ନଜରରେ ଦେଖି ସଫା ଜଙ୍ଘ, ଇସ୍ତିକରା ସ୍ତନ

ମୁଁ କିଆଁ ଏମିତି ଭାବେ, ମୁଁ ତ ମୋର ଅଣ୍ଡା କଣଘରେ
କାଟଇ ସମସ୍ତ ଋତୁ ତିନି ଗୋଡ଼ ଚଉକିଟି ପରି
ଏମିତି କେହିବା ନାହିଁ ଯିଏ ମୋର ଛିଣ୍ଡା ବୋତାମଟା
ଅଳ୍ପ ହସି ସିଇଁଦେବ, କ୍ଷତମାନ ଦେବ ରଫୁକରି
ମୁଁ କିଆଁ ଏମିତି ଭାବେ ! ଟବ୍ ଟବ୍ ଡୋଳାର ପୃଥିବୀ
ଯନ୍ତ୍ରଣାରେ ଜଳିଉଠେ ମୋ ଲଜ୍ଜିତ କଣ ବଖରାରେ
ପବନ କି ଜହ୍ନରାତି କଣ୍ଟା ଫୋଡେ ଥୋବରା ଆଖିରେ

ମୁଁ କ'ଣ ଜାଣିନି ନିଜେ ଆମ ସାଇ ମରଦ ସକଳ
କିପରି କୁଦନ୍ତି ମତେ ଗୋଇଠିରେ
ଏଠା ରାସ୍ତା ମରାମତି ବେଳେ
କିପରି ସ୍ତ୍ରୀଲୋକମାନେ କାଟିଦ୍ୟନ୍ତି ପନିକିରେ
ପରିବା ସାଙ୍ଗରେ
କିପରି ପିଲାଏ ମତେ ଥୁ ଥୁ କହି କଚାଡ଼ନ୍ତି ତଳେ

ତଥାପି କାହିଁକି ଭାବେ ସର୍ପ କଥା,
ପର୍ବ କଥା, ଅନ୍ୟ ଘର ଏରୁଣ୍ଡିର କଥା
ଏ'କି ଇଚ୍ଛା ଉଠେ ଜଳି ସୂର୍ଯ୍ୟ ଭଳି କ୍ଳାନ୍ତ ଦ୍ୱିପ୍ରହରେ
ଯେ କାନ୍ଦିବି ରାତିସାରା ଓ ପୁନଶ୍ଚ ଦୋସରା ସକାଳେ
ସାପ ହୋଇ ବାହାରିବି ସବୁ ଘର ପାଣି ପାଇପ୍‌ରେ

ରାତି

ରାତି ଆସି ଜମିଯାଏ ମେଘପରି । ନିର୍ବାକ୍ ପାଉଁଜ
ସବୁ ପକ୍ଷୀ ଫେରି ଯା'ନ୍ତି ଥଣ୍ଟେ ଧରି ଇଥର୍‌ର ତୃଣ
ଫେରିଯାନ୍ତି ଓସ୍ତପତ୍ର ଶ୍ୟାମଳ ହରଫ ଆଡ଼େ
ଯାହା ଚାହେଁ ସନ୍ତର୍ପଣେ
ଅମୋଘ ଅନ୍ଧାର ପରି ନିଷିଦ୍ଧ ଆକାଶେ
ରାତି ଆସେ

ନଈ କାନ୍ଦେ । ଦୁରନ୍ତ ପାଣିର ଜିଭ ଲମ୍ୱିଯାଏ ନୀଳସାପ ପରି
ଏସିଆର ସମସ୍ତ କାରୁଣ୍ୟ ଗର୍ଜିଉଠେ ତା'ଭିତରେ
ଆମ ଗାଁ ଲୋକଙ୍କର ଲୁହରେ ଗାଧୋଇ, ବହେ ନଈ
ଶ୍ରାବସ୍ତୀଠୁ ତ୍ରିନିଦାଦ୍ ଯେତେ ରାସ୍ତା, ଯେତେକ ସମୁଦ୍ର
ସମସ୍ତ ଦୀର୍ଘତା ନେଇ ରାତି ଆସେ
ପ୍ରମତ୍ତ ଆକାଶେ
ଚିଲ କେବେ ବାହୁନେ ଓ ହସେ

ଜ୍ୟୋତ୍ସ୍ନା ଝରେ, ଝରେ ଆଶାବରୀ
ଅତର ଓ ଚିରାଚିଠି ପରି
ରାତି ଆସେ ଅନାୟାସେ, ରୋଗିଣୀର ନିଷ୍କ୍ରିୟ ଡୋଳାରେ
ଲୁହ ଯେଉଁପରି
ଏବଂ ଏ ପୃଥିବୀ ସାନ ହୋଇ, ପୋଷ୍ଟକାର୍ଡ ଭଳି
ଲେଖିହୁଏ ହାତ ପାପୁଲିରେ, ଚିହ୍ନା ହସ୍ତାକ୍ଷରେ

ବାହାରେ ଫାଲ୍‌ଗୁନ ଜଳେ, ନିଷ୍କରୁଣ ଋତୁ
ରାତି ଆସେ। ମୁଁ ଏକାକୀ ପଢ଼ା ଟେବୁଲ୍‌ରେ
ଓଦା ଚକୋଲେଟ୍ ହୋଇ ଜମିଯାଏ। ନିଦ ତା'ର
ପ୍ରଶସ୍ତ ଚଉକି ମେଲିଦିଏ ମୋ ସାମ୍ନାରେ
କ୍ଲାନ୍ତ ହାତେ ଡରି ଡରି ମୁଁ ଲେଖେ ତୁମର ନାଆଁ
ତିନୋଟି ଅକ୍ଷର। କାଟିଦିଏ ମୁହୂର୍ତ୍ତକ ପରେ
ଏଣେ ତେଣେ ଚାହିଁ
ପକ୍ଷୀ ସବୁ ଫେରିଯାନ୍ତି, ଗର୍ଜେ ସବୁ ନଈ

ରାତି ଆସି କାରୁଣ୍ୟର ଅଙ୍କ ଲେଖେ
ଘାସ ପରେ ଧୀରେ ଧୀରେ ଜମିର ସ୍ଲେଟ୍‌ରେ
ମିଶିଯାଏ ମେଘପରି ତୁମ ଦେହ କୋମଳ ଗାନ୍ଧାରେ

ବସନ୍ତ

ବସନ୍ତ ଅଟକିଯାଏ ତଣ୍ଟି ପାଖେ । ଢୋକି ହୁଏ ନାହିଁ
ଗର୍ଭରେ ବ୍ୟାପଇ ଚେର, ଫୁଲ ଫୁଟେ ଆଖି ଡୋଳାସାରା
ପିଠି ଓ ଛାତିରେ ଉଠେ ନୀଳଘାସ । ଅରଣ୍ୟର ଈର୍ଷା ଅତ୍ୟାଚାର
କୁର୍ତ୍ତା ସାରା ଲାଗିଥାଏ କିଛି ଚୈତ୍ର କିଛି ଜାଇଫୁଲ

ଚରିତ୍ରହୀନର ଋତୁ ଏଣୁ ଆସି ତେଣେ ଚାଲିଯାଏ
କେଉଁଠାରେ ରକ୍ତ ଜମେ, କେଉଁଠାରେ ମହୁ ଉଡ଼ିଯାଏ

ପିଲାଲୋକ

କେତେ ବା କରିଚି ପ୍ରେମ ରମାକାନ୍ତ
ବୁଝିବାକୁ ଗୋପନ ଏ କଥା
ଯେ ପ୍ରେମଠାରୁ ଲୋଭନୀୟ
ପ୍ରେମିକର ଚରିତ୍ରହୀନତା

କେତେ ବା ବୟସ ତା'ର
କେତେ ଲୋଭ, କେତେ ଅଧିକାର
ତଥାପି ଛବିର ଚିଠି ଡେରି ଯଦି ହୁଏ ଦିନେ ଅଧେ
ରମାକାନ୍ତ, ଦର୍ଜା କିଳି ପଢ଼ାଘରେ କାନ୍ଦେ

କେତେ ବା ଜଳିଚି କହ ରମାକାନ୍ତ
ଯେ ବୁଝିବ ଈର୍ଷାପରି ଶକ୍ତିଶାଳୀ ନିଆଁ
ତଥାପି ପାରେନା ପୋଡ଼ି ହୃଦୟର ପଳାଶ ବଣକୁ
ଯେ ପ୍ରେମରେ ଦୁଇଗୋଟି ଆଖିର ବ୍ୟତୀତ
ଅବଶିଷ୍ଟ ସାରା ଦେହ ହୁଏ ଖାଲି ବିଷଣ୍ଣ କୁହୁଡ଼ି
କିନ୍ତୁ ଦେଖ, ଆଖି ମଧ୍ୟ ହୋଇପାରେ ବିଶ୍ୱାସଘାତକ
କଲେଜଛକକୁ ମଧ୍ୟ ଗଡ଼ି ଆସିପାରେ କାଠଯୋଡ଼ି

କେତେ ବା ଜାଣିଚି କହ ରମାକାନ୍ତ
ଯେ ବୁଝିବ ଡିସେମ୍ବର ଡିସେମ୍ବର ଏପ୍ରିଲ୍ ଏପ୍ରିଲ୍
ପ୍ରକାଣ୍ଡ ଶିଆଳ ନାଚେ
ପାଦରେ ଘୁଙ୍ଗୁର ପିନ୍ଧି ଖାନ୍ ନଗରରେ
ରାଜଧାନୀ ପାଖେ
ଅଣ୍ଡିରା ପୋଲିସ୍ ଏକ ଗିଳେ ଜନ୍ମନିରୋଧର ପିଲ୍

ଅରକ୍ଷ ମାଦଳ ପରି ଭଗବାନ ଯା'ନ୍ତି ଗଡ଼ି ଗଡ଼ି
ହାଇକୋର୍ଟ ଖାଲି କରି କଟକରେ ଓକିଲଙ୍କ ପ୍ରେତ
ପ୍ରସେସନ୍ କରିଯାନ୍ତି କଳାଘୋଡ଼ା ଧଳାଘୋଡ଼ା ଚଢ଼ି

କେମିତି ବୁଝିବ କହ ରମାକାନ୍ତ
ବୁଦ୍ଧି କ'ଣ କାହାର ଖାତକ
ଯିଏ ସେ ବିଶ୍ୱାସ କରେ
ପୃଥିବୀ ତଥାପି ଗୋଲ, କଲେଜରେ ପଢ଼ାଯାଏ ପାଠ
କେମିତି ଜାଣିବ ସିଏ
ପ୍ରତିଜ୍ଞାଠୁ କୁଳଟା ସ୍ତ୍ରୀଲୋକ ଆଉ କେହି ନାହିଁ
ସ୍ମୃତି ଠାରୁ ନିରାପଦ ଅଭିଜ୍ଞତା
ଯୌବନଠୁ ଦୁଃଖ ଦୀର୍ଘସ୍ଥାୟୀ

କିଏ ସେ ଚରିତ୍ରହୀନ କରିବସେ ?
ରକ୍ତେ ଫୁଟେ କି ବୀଭତ୍ସ ଫୁଲ, ନର୍କ ଦିଶେ ଅତ୍ୟୁଜ୍ଜ୍ୱଳ
ଲୋହିତ ଗନ୍ଧରେ ଫାଟିପଡ଼େ କଟକ ସହର
ମୃତ୍ୟୁ ଆସି ଲୋଟିପଡ଼େ ଗେହ୍ଲା ହୋଇ
ସ୍ୱର୍ଗେ ଲାଗେ ମର୍ଞ୍ଚେ ଲାଗେ ଡାଳ

କେତେ ବା କରିଚି ପ୍ରେମ ରମାକାନ୍ତ
କେତେ ବୁଦ୍ଧି, କେତେ ବା ବୟସ
ଯେ ଜାଣିବ ହଜାରେ ସୂର୍ଯ୍ୟର ଠାରୁ ଶକ୍ତିଶାଳୀ
ଆଉ କିଛି ହୃଦୟରେ ଜଳେ
ସିଏତ ତଥାପି, ଛବି ଛାଡ଼ି ଯାଇଥିବା
ସେଫ୍‌ଟିପିନ୍ ରଖିଚି ଲୁଚାଇ
ପଢ଼ାଘର ବହିଥାକ ତଳେ

ଗନ୍ଧ

ବୃଦ୍ଧ ଏକ ଓକିଲର ମୁଣ୍ଡ ପରି ପ୍ରାଚୀନତା
ଉଙ୍କିମାରେ (ମୋ ଗନ୍ଧ ମାମୁଲି)। ମାନ୍ଧାତା ଅମଳ
ଘର ଜିଇଁ ଉଠେ। କାନ୍ଥସାରା ଜେଜେମାଙ୍କ ଘଡ଼ି,
କାତର ହରିଣ ମୁଣ୍ଡ। ସିଂହ ଦର୍ଜାଦେଇ
ପବନ ଆସଇ ପଶି ବର୍ଗୀପରି, ରେ ରେ କାର କରି
ବହିର ଆଲ୍‌ମିରା ସାରା ଫୁଲିଉଠେ ଉଇର ଜାହାଜ
ଜଳକା ଆର୍‌ସିର କାଚେ, ଜେମାଦେଈ
ତୁମ ପ୍ରସାଧନ ପୂରା ଦିଶେ ନାହିଁ
ଦିଶେ ନାହିଁ ଉଚ୍ଛନ୍ନ ହୃଦୟ
ଗନ୍ଧ ପରି ଜଳେ ଖାଲି ଆବରଣହୀନ ଏକ ହାତ

ଘର

ସେମାନେ ଛଡ଼ାଇନେଲେ ଘର ମୋର ମୁଁ ଯେତେବେଳେ
ଶୁଣୁଥିଲି କିପରି ଶ୍ରାବଣ ନଖରେ କାଟୁଚି ଗାର, ତ୍ରସ୍ତ ହୋଇ
ତା'ପରେ ଶେଯରେ ଶୋଇ ପଢୁ ପଢୁ ପୁରୁଣା ଅକ୍ଷରେ
ସେମାନଙ୍କ ପାଦର ବୋଇତ ଥମିଗଲା ଅତି ନିର୍ବିକାରେ

ସେମାନେ ଛଡ଼ାଇନେଲେ ଘର ମୋର ବିନା ଯୁଦ୍ଧେ
ଭାଙ୍ଗି ଫଟୋ ସ୍ତ୍ରୀ ଓ ପୁଅଙ୍କର, ଜାଳି ମୋର ଖଟ
ଜାଳି ମୋର ଚିଠିପତ୍ର, ପ୍ରତିଜ୍ଞା ଓ ତିନିମୁଠା ତାସ୍
ମରିୟମ୍ ମୂର୍ତ୍ତି ଭାଙ୍ଗି, ଫିଙ୍ଗିଦେଇ ଯୀଶୁଙ୍କର କ୍ରଶ୍
ଓ ମୁଁ ମୋ ଦାନ୍ତରେ ଚାପି ତଳଓଠ ରାସ୍ତାରେ ଦେଖିଲି
ପ୍ରେତ ପରି ଓସ୍ତଗଛ ତଳେ କାର ଅଚିହ୍ନା ଲଣ୍ଡନ
ସାଇରେନ୍ ପରି କାନ୍ଦେ ଆଣ୍ଠୁମାଡ଼ି ଦୁରନ୍ତ ଶ୍ରାବଣ

ମୁଁ ଏଇନା ରାସ୍ତାରେ ରାସ୍ତାରେ ଓ ସେମାନେ ଅତି ପ୍ରମୋଦରେ
ପଢୁଥିବେ ଛିଣ୍ଡାଚିଠି ପ୍ରତିକୃତି ଦଗ୍ଧ ଅଭିଜ୍ଞାନ
ଦେଖୁଥିବେ ନିଆଁର ସ୍ତୋତ୍ରରେ ତୋରା ଦିଶେ ଯୀଶୁଙ୍କର ଛବି
ଆଲୋକର କଷାଘାତେ କାଛସାରା ସାଧୁତାର ଚିହ୍ନ

ମୁଁ ମଧ୍ୟ ଆହୁରି ଜାଣେ ରହସ୍ୟର ଡୋରିଆ ଘାଗରା
ପିନ୍ଧି ମଧ୍ୟରାତ୍ରି ଯେବେ ଓହ୍ଲାଇବ ଅଲିଭ୍ ଗଛରେ
ସେମାନଙ୍କ ଉଦ୍‌ଗ୍ରୀବ ଆଙ୍ଗୁଠି ଧୀରେ ଧୀରେ ହୋଇ ଅଗ୍ରସର
ଲୁହାର ଆଲ୍‌ମିରା ମୋର ଖୋଲି ଦେବେ ମଝି ବଖରାରେ

ସେମାନେ ଜାଣନ୍ତି ନାହିଁ ସେଠାକାର ବିବସ୍ତ୍ର ଅନ୍ଧାରେ
ପିଙ୍ଗଳ ମହିଷି ପରି ମୋର ସବୁ ପାପ ଓ ଘୃଣାର
କୁର୍ତ୍ତା ପିନ୍ଧି ସୈତାନର ଫଟ ଜଳେ କ୍ରୋଧରେ ଗାଧୋଇ
ଷ୍ଟିଲ୍ ପରି ହାତଗୋଡ଼, କାଛପରି ଚେପ୍‌ଟା କାନ ମୁହଁ
ନିଆଁର ଉହ୍ଲେଇ ପରି ଜକ୍ ଜକ୍ ତା'ର ଆଖି ଦୁଇ

ହେ ପ୍ରଭୁ (ଅନାମଧେୟ)
ମଧ୍ୟରାତ୍ରି ! କେବେ ମଧ୍ୟରାତ୍ରି

ନଈ

ନଈ ତା'ର ଢଙ୍ଗ ଆଣେ । ନିରାଲମ୍ବେ ଦିଅ ଲେଉଟାଇ
ଆମେ ପଛେ ଘୋଡ଼ା ଚଢ଼ି ବୁଲିଯିବା ଜଙ୍ଗଲ ଆଡ଼କୁ
ଆମେ ପଛେ ଧ୍ୱଜା ହୋଇ ଟଙ୍ଗା ହେବା ବରଗଛ ଡାଳେ
ଆମର କି ଲୋଡ଼ା ଢଙ୍ଗ, ତା' ଇଚ୍ଛାରେ ବହିଯାଉ ନଈ
ଆମେ ଯିବା ପଂଝେ ଲୋକ ହୋ ହୋ ହୋଇ, ବେତ ଚାଙ୍ଗୁଡ଼ିରେ
ତରାଟ ଫୁଲକୁ ଧରି, ଏକୁଟିଆ ଦେବତାଙ୍କ ଆଡ଼େ

ନଈ ତା'ର ଢଙ୍ଗ ଆଣେ । ନିରାଲମ୍ବେ ଫେରାଅ ଫେରାଅ
ଫଟାଇ ଘୋଡ଼ାର ଆଖି ରକ୍ତଠୋପା ନାଲିଫୁଲ ପରି
ଝଲ୍‌ସି ଉଠେ । ଜଙ୍ଗଲରେ ଗମ୍ଭାରି ଗଛର
ଡାଳରେ ଡିଅଁଇ କ୍ଳାନ୍ତି ହୁତୁ ହୁତୁ ନିଆଁର ଆଷାଢ଼
ତଥାପି ଫେରାଅ ଢଙ୍ଗ । ନଈ ବୋଲି କେବେ କିଛି ନାହିଁ
ଏଠାରେ ଯା ସ୍ଥିର ବାଲି, ଅନ୍ୟତ୍ର ତା ଉଡ଼ନ୍ତା ଚଢ଼େଇ

ଏ ନଈ ଏଠାରେ ଯାହା, ଅନ୍ୟତ୍ର ବି ଅବିକଳ ତାହା
ଅଥଚ ପ୍ରତ୍ୟେକ ନଈ ମୁହୂର୍ତ୍ତକ ପରେ ଅନ୍ୟ ନଈ
ଏକଇ ନଈରେ କେହି ଦୁଇଥର ପାରେନି ଓହ୍ଲାଇ
(ଗଛଙ୍କୁ ସନ୍ଦେହ କ'ଣ, ଜଙ୍ଗଲରେ ସନ୍ତ୍ରାସ ବା କ'ଣ)
ତେଣୁ ଚାଲ ପଂଝେ ଲୋକ ହୋ ହୋ ହୋଇ ଜଙ୍ଗଲ ତନଖି
ସିନ୍ଦୂରରେ ବିସର୍ଜିବା ଏକୁଟିଆ ଦେବତାର ଆଖି

ଉଜ୍ଜ୍ୱଳ ଅନ୍ଧାର

'ମୁଁ ଏକ ଖିଆଲ, ଏକ ପ୍ରଚଣ୍ଡ ଓ ଫେରାର୍ ଖିଆଲ୍'
ସେ ଦିନେ ଚିତ୍କାର କଲା 'ବସ ନାହିଁ, ବସ ନାହିଁ ଜନ୍ମ।
ବସିବାରୁ ମୁକ୍ତି କାହିଁ? ବସିବାର ଅକର୍ମଣ୍ୟତାରୁ
ସବୁ ପାପ ପୁଣ୍ୟତର। ସବୁ କିଛି ତୀକ୍ଷ୍ଣତର ପ୍ରଜ୍ଞା'
ସେ ଖାଲି ଚାଲିଲା ନାହିଁ, ଦୌଡ଼ିଲା ଓ ଶେଷେ ମରିଗଲା
ଫେରାର ଖିଆଲ୍ ହେଲା ତା ସ୍ଥିତିର ପିଙ୍ଗଳ ପ୍ରତିଜ୍ଞା

ଦୁଇଟି ଉଜ୍ଜ୍ୱଳ ହାତେ ଦୁଇମୁଠା ଅନ୍ଧକାର ଲାଗି
କେବେଠୁ ସେ ଖୋଜୁଥିଲା ଏକ ନୁହେଁ ସାତଟା ପୃଥିବୀ
ଏବଂ ତାକୁ ପାଇବାକୁ ଛାୟାଚ୍ଛନ୍ନ କେଉଁ ବଖରାରେ
ତା'ପରେ ସନ୍ତର୍ପଣତା କେତେଗୋଟା ନିଭୃତ ମୁହୂର୍ତ୍ତ
ତା'ପରେ ସେ ଗର୍ଭବତୀ (ଦୁଇ ମୁଠା ଅନ୍ଧାରର ନାରୀ)
ତା'ପରେ ପ୍ରସବ କଷ୍ଟ ଏବଂ ଏକ ସନ୍ତାନ ଯା ମୃତ

ଯଦି କେହି ଖୋଜୁଥିଲା ଏ ପ୍ରକାର ଯୁକ୍ତିର ରହସ୍ୟ
ସେ କହିଚି ସ୍ପଷ୍ଟ କରି ତୁମେ କ'ଣ ଜାଣନା କାରଣ?
ତୁମର ଯାହାବା ସଂଜ୍ଞା, ପ୍ରତିଷ୍ଠା ବା ଶେଷ ପରିଚୟ
ତୁମଠୁ ଯା' ବିପରୀତ ସେଥିରେ ହିଁ ମାତ୍ର ବିଦ୍ୟମାନ
ସମୁଦ୍ରରେ ମନେପଡ଼େ ଓଟ ଏବଂ ବାଲିଝଡ଼ କଥା
ରାତି ଅଧେ ମନେପଡ଼େ ସତେ କେତେ ଦୁରନ୍ତ ମଧ୍ୟାହ୍ନ

ଦୁଇଟି ଉଜ୍ଜ୍ୱଳ ହାତ, ଅସରନ୍ତି ଦିନର ସକାଳୁ
ନିଜ ସଂଜ୍ଞା ଖୋଜୁଥିଲା ଦୁଇ ମୁଠା ପ୍ରମୀଳା ଅନ୍ଧାରେ
ଓ ହଠାତ୍ ମରିଗଲା ପ୍ରଦୋଷର ଝାପ୍‌ସା ପ୍ରଗଣାରେ
ତୀବ୍ରତା ହିଁ ମୃତ୍ୟୁ ଆଣେ ଏ କଥା ସେ ମାନିଲା ଅବଶ୍ୟ
କିନ୍ତୁ ସେ ମୃତ୍ୟୁରେ ଥିଲା ଦପ୍ ଦପ୍ ନିଆଁର ରହସ୍ୟ

ଏବଂ ତା'ର ଆତ୍ମା ତା'ର ଶରୀରକୁ ଚିରାକୁର୍ଣ୍ଣା ପରି
ଛାଡ଼ି ଉଡ଼ି ଚାଲିଗଲା ତତ୍‌କ୍ଷଣାତ୍ ସହରତଳିକୁ
ଯେଉଁଠାରେ ଏକ ଅନ୍ଧ କଳା ଝିଅ କମ୍ ବୟସର
ମେଘ ଆସୁଥିଲା ବେଳେ ହୋଟେଲର ଏକୁଟିଆ ଘରେ
ତାକୁଇ ଅପେକ୍ଷା କରି ଟାଆଁସା ତା ବାଳକୁ ସଜାଡ଼େ

ଶୁଣାଯାଏ ପାଦ୍ରି ଜଣେ ଏଇ ପାଖ ଖ୍ରୀଷ୍ଟାନ୍ ପଡ଼ାର
ହଠାତ୍ ଦେଖିଲେ ସ୍ୱପ୍ନ, ପାହାନ୍ତାରେ, ତା' ମୃତ୍ୟୁ ରାତିରେ
ଆଲୋକ ଜର୍ଜର ଏକ ଲମ୍ବା ଚୌଡ଼ା ଅନ୍ଧକାର ଗଛ

ଭୟ

ଭୟ କ'ଣ ନୂଆ କଥା ? ଭୟ କ'ଣ ଆମରି ହ୍ରଦରେ
ସବୁଜ ପଦ୍ମର ପରି ଫୁଟି ନାହିଁ ଲକ୍ଷେ ଦ୍ୱିପ୍ରହରେ ?
ଭୟ କ'ଣ ଆସି ନାହିଁ ପବନରେ ଶନିସ୍ତୋତ୍ର ପରି ?
ଛୁରୀରେ କବାଟ ଚିରି ? ଭୟ କ'ଣ ଜଳିନି ରାତିରେ
ଦଶଟି ନକ୍ଷତ୍ର ପରି ମୋ ରକ୍ତାକ୍ତ ଦଶ ଆଙ୍ଗୁଠିରେ ?

ବର୍ତ୍ତମାନ ଭୟ ଖାଲି ଆରସିରେ ନିଜର ମୁହଁକୁ

ମଲ୍ଲିକାର ଚିଠି

ତୁମେ ଭାରି ସ୍ୱାର୍ଥପର । ମଲ୍ଲିକାର ସଫେଦ୍ ରକ୍ତରେ
ତୁମ ଉଦାସୀନ ପାପ ଭାସୁଅଛି ଲାଲ୍ ମାଛ ହୋଇ
ଆସ, ଦେଖ, ଅବିଶ୍ୱାସୀ ସୂର୍ଯ୍ୟାଲୋକେ ବଗିଚାରେ
ଫୁଲ ନୀଳତର । ନଈରେ ଖେଳୁଚି ମାଛ ମୁକ୍ତ ଛୁରୀ ପରି
କୂଳରେ ଥରୁଚି ଏକ ଭୟପ୍ରାପ୍ତ ଶ୍ୟାମଳ ଧୀବର

କେଜାଣି କେଉଁଠୁ ଆସ, ଲୋକାରଣ୍ୟ ବଜାରରୁ
ସୁକୁମାର ଦେହର ପଲଙ୍କେ । କେଜାଣି କୁଆଡ଼େ ଯାଅ
ମୋ ଉନ୍ମୁକ୍ତ ସ୍ତନଠାରୁ ଦୂରତର ଗ୍ରହର ଆଲୋକେ
ପୁଣି ଦିନେ ଫେରିଆସେ ଗୋଧୂଳିର ସଜ୍ଜିତ ଜାହାଜେ
ଚୁମ୍ବନରେ ଭଙ୍ଗାରୁଜା ତୁମ ଦୀର୍ଘ ଅହଙ୍କାରୀ ଦେହ
ଲଜ୍ଜିତ ଓ ନିର୍ବାସିତ ତାରାପରି ଖସିପଡ଼େ ମୋ କ୍ଳାନ୍ତ କୋଳରେ
ମୋ ଈର୍ଷା ସୁନାର ମାଛି, ଗୁଣୁ ଗୁଣୁ ଗୁଣୁ ଗୁଣୁ କରେ

ତୁମେ ଭାରି ସ୍ୱାର୍ଥପର । ମଲ୍ଲିକାର ବାଳିକା ରକ୍ତରେ
ତୁମର ପ୍ରଶସ୍ତ ପାପ ସଜାଉଚି ଜରିର କଣ୍ଢେଇ
ଆଜି କାଲି ହୋଇ ଦିନଗଡ଼େ, ତୁମେ ଯାଅ ହଁ ନାହିଁ ହୋଇ
ମୁଁ ଖାଲି ଦାୟିତ୍ୱହୀନ ସ୍ୱପ୍ନ ଦେଖେ ଅସ୍ପଷ୍ଟ ରାତିରେ
ଯେ ମୁଁ ନର୍ତ୍ତକୀର ବେଶେ କଟକରେ ମୁକୁଳା ସ୍ତନରେ
ତୁମ ପଥରୋଧ କରି ଛିଡ଼ାହେଲି । ତୁମେ ହୋଇ କ୍ଷିପ୍ର ଅଶ୍ୱାରୋହୀ
ଚାଲିଗଲ କେଉଁଆଡ଼େ ନିମିଷକେ ଥରଟେ ନ ଚାହିଁ
ଓ ତା'ପରେ ଅନ୍ଧକାର । ନିଦ ନିଦ ନିଦ । ଅନ୍ଧକାର
ଓ ତା'ପରେ ବହୁଦୂରୁ କ୍ଷୀଣସ୍ୱରେ କ୍ଷୀଣତର ସ୍ୱରେ
ଛୋଟ ନାଲି ଟେଲିଫୋନ୍ ବାଜେ ଟିନ୍ ଟିନ୍ ଟିନ୍ ଟିନ୍ ହୋଇ

ମଲ୍ଲିକା ଖୋଲଇ ଆଖି । ଅଶ୍ୱାରୋହୀ, ତୁମେ ଡାକୁଚ କି ?

ଶୀତଋତୁ । ପୁଣି ଶୀତଋତୁ

ଝର୍କା ସବୁ ବନ୍ଦ କର । ବାରନ୍ଦାରେ କାହା ପାଦଶବ୍ଦ
ଅତର୍କିତେ ଶୁଣାଯାଏ ? ଶାନ୍ତଶିଷ୍ଟ ଦେବଦାରୁ ପରେ
କାହା ସାଇରେନ୍ ବାଜେ ? ଏନାମେଲ କଫି ଚାମୁଚ୍‌ରେ
କାହା ଛାଇ ଝଲ୍‌ସି ଉଠେ ?
ଏବଂ ମୋର ଅଗଣାର ରୁପା ଇଲାକାକୁ
କିଏ ସେ ଧୂସର କରେ, ମୁହଁ ଘଷେ ପଶମ ଛାତିରେ ?

ଶୀତଋତୁ । ପୁଣି ଶୀତଋତୁ

ଗତ ବର୍ଷ ଏଇ ଶୀତ, ନଭେମ୍ବର, କ୍ରୀସ୍‌ମାସ ଛୁଟି
ଓ ମୋର ସ୍ୱେଟର ପରେ ସୁନେଲି ଉଲ୍‌ରେ
ତମରି ହାତରେ ଲେଖା ମୋ ନାମର ଆଦ୍ୟ ଅକ୍ଷରଟି

ଶୀତଋତୁ । ପୁଣି ଶୀତଋତୁ

ଶୀତର ସମୁଦ୍ର ଜମେ । ଗଳି ଗଳି ଶୀତର ସିତାର୍
ବାରମ୍ବାର ବାଜିଉଠେ ଅସରନ୍ତି ବେହୋସ୍ ରାତିରେ
ଥଣ୍ଡା ଓଠ, ନିଦା ଜାନୁ, ବରଫର ଛାତି
ଆଃ, ମତେ ଡରଲାଗେ, କି ମନ୍ତ୍ରଣା କରେ
ଶୀତର ଅରଣ୍ୟ ତମ ଆଖିର ଜମିରେ

ଶୀତଋତୁ । ପୁଣି ଶୀତଋତୁ

କିଏ ଜାଣେ, ଆଜି ରାତି ଲାଗି
ଜାଲି ମୋର କୋଟ୍ ମୋର ଘର ମୋର ହାତର ଆଙ୍ଗୁଠି
କିଣିବାକୁ ପଡ଼ିପାରେ ସାମାନ୍ୟ ଉଷ୍ଣତା

ଶୀତଋତୁ । ପୁଣି ଶୀତଋତୁ

ଶନିବାର ଦିନ ତିନିଟାରେ

ତମେ କୁହ ଯେ ତମେ ଭଲ ଅଛ
ଭଲ ଅଛ ଆଉ ସ୍ୱପ୍ନ ଦେଖୁଚ
ମୁଁ କ'ଣ ଜାଣେନା ତୁମର ଅସ୍ୱଚ୍ଛ ଆଙ୍ଗୁଠି
ତୁମର କାତର ସ୍ତନ
କେତେ ମୂକ ବିଷଣ୍ଣତାରେ ନୀଳ
ମୁଁ କ'ଣ ଜାଣେନା
କେତେ ନିର୍ଜନ ଆଉ ଥଣ୍ଡା
ତୁମର ହାତ ବେକ ପିଠି
ମୁଁ କ'ଣ ଜାଣେନା
ତୁମର ଧୂସର କେଶରେ
କେତେ ନିର୍ମମ ବର୍ଷାଋତୁ
ମୁଁ ଜାଣେ । ମୁଁ ଜାଣେ
କିନ୍ତୁ ତମେ କୁହ ଯେ ତମେ ଭଲ ଅଛ
ଭଲ ଅଛ ଆଉ ସ୍ୱପ୍ନ ଦେଖୁଚ

ମୁଁ ମଧ୍ୟ ସ୍ୱପ୍ନ ଦେଖେ
ଯେ ସେମାନେ ମତେ ଖୁନ୍ କରିଚନ୍ତି
ମତେ ଫିଙ୍ଗି ଦେଇଚନ୍ତି ମରୁଭୂମିରେ
ମୋର ସମସ୍ତ ଦେହ ନିରକ୍ତ କରବୀ
ଅଥଚ କିଛି ଦୂରର ବାଲିରେ, ମୋ ଶବ ପାଖରେ
ଉଇଁଚି, ଶୋଣିତ ସପ୍ତର୍ଷି

ମୋ ରକ୍ତରେ
ତୁମ ସ୍ୱପ୍ନର ସାରାଂଶ ମୋ ସ୍ୱପ୍ନରେ
ହେଲେ ମୋ ସ୍ୱପ୍ନର ସୌନ୍ଦର୍ଯ୍ୟ
ଏକୁଟିଆ
ନା ତୁମର ସ୍ୱପ୍ନ ନା ମୋର ସ୍ୱପ୍ନ
ପୂରା କରେ ଆମର ସାମାନ୍ୟତମ କ୍ଷତି
ତଥାପି ତମେ କୁହ ଯେ ତମେ ଭଲ ଅଛ
ଓ ତା'ପରେ ରିକ୍ସା କରି ଚାଲିଯାଅ ଏଠୁ

ମୁଁ ବି ଘରକୁ ଯିବି
ବୋଉକୁ କହିବି, ବୋଉ
ପିଲାଦିନେ ତୁ ଯେଉଁ ଆଲୁଅର
ଦେଶ କଥା କହୁଥିଲୁ
ଆଲୁଅର ଲୋକ
ଆଲୁଅର ନଈ
ତାଙ୍କ କଥା ଆଉ ଥରେ କହ । ଆଉ ଥରେ

ଗର୍ଭାଧାନ

ତୁମେ ପ୍ରଭୁ ଥାପିଥିଲ ଯେଉଁ ପଦ୍ମ ଗର୍ଭାଶୟେ ମୋର
ଦଶମ ମାସରେ ତାହା ରକ୍ତମୟ ବିଦୀର୍ଣ୍ଣ ମରାଳ

ପ୍ରଥମ ମାସରେ ପ୍ରଭୁ ଚକ୍‌ଚକ୍ ପଦ୍ମଖଣ୍ଡ ପରି
ତୁମ ରେତ ବିନ୍ଦୁବର୍ଗ ମୋ ଦେହର ଉଚ୍ଚାଟ କୋଠରି
କ୍ରମେ କଲେ ପ୍ରଦକ୍ଷିଣ, ଶ୍ୱେତବର୍ଣ୍ଣ ନୀଳ ଓ ଉଜ୍ଜ୍ୱଳ

ଦ୍ୱିତୀୟ ମାସରେ ଫୁଲ ଅନ୍ତସତ୍ତ୍ୱା ମାଛ ଗର୍ଭବତୀ
ଗେଣ୍ଡାର ଗର୍ଭରେ ଜ୍ୟୋତି, ପକ୍ଷୀଙ୍କର ଗର୍ଭରେ ସ୍ଫଟିକ
ସବୁ ତ ସବୁଜ ହଂସ, ଅନ୍ତସତ୍ତ୍ୱା ମୋ ପଞ୍ଚ ପ୍ରକୃତି

ତୃତୀୟ ଚତୁର୍ଥେ ପ୍ରଭୁ କିସ ହେଲା ଜଣା ତ ନ ଗଲା
ଦେହରୁ ବିବାଦ ଗଲା, ବିକୃତିରୁ କ୍ଳାନ୍ତି ଗଲା ଉଡ଼ି
ଲୁହ ହେଲା ଦୀପ୍ତ ଗଛ, ଗଛ ହେଲା ଉଜ୍ଜ୍ୱଳ କୁହୁଡ଼ି

ଏପ୍ରିଲ୍ ପଞ୍ଚମ ମାସ ଜାଣେନା ମୁଁ କିସ ଦୁର୍ଘଟଣା
ତା'ପରେ ଅଥର୍ବ ସବୁ ବଜାରରେ ରଦ୍ଧ ବିକାକିଣା
ମୋ ନାଭି କମଳେ ଆଃ ଏ କାହାର ସ୍ତୋତ୍ର ଓ ଯନ୍ତ୍ରଣା

ଷଷ୍ଠରେ ଦେଖିଲି ସ୍ୱପ୍ନ ମୋ ଦକ୍ଷିଣ କର୍ଣ୍ଣ ବିମ୍ବରରେ
ଖୋଜ ଆଙ୍କେ ଶ୍ୱେତହସ୍ତୀ। ଅଥଚ ମୋ ବାମ କର୍ଣ୍ଣେ ନାଗ
ବିରାଜୁଚି। କପାଳେ ତା ତୁମ ଫୁଲ କଠଉର ଦାଗ

ସପ୍ତମ ମାସରେ ପ୍ରଭୁ କାନ୍ଦି କାନ୍ଦି ଲୋଟିଲ ଭୂମିରେ
ଅଥଚ କାହାର ଲାଗି ? କାହା ଲାଗି ଫିଙ୍ଗିଲି ଚଉଁରୀ
ଅକୃତଜ୍ଞ ପାହାଡ଼ରେ ବାଜିଲା ମୋ କ୍ଷତିର ମହୁରୀ

ଅଷ୍ଟମ ନବମେ ପ୍ରଭୁ ଏ କି ସ୍ମୃତି ଏ କାହାର ଜ୍ୱାଳା
କିଏ ଗୋ ମନ୍ଥିଲା ମୋର ଶିରା ନାଡ଼ି ଇଡ଼ା ଓ ପିଙ୍ଗଳା
ମୋ କ୍ଲାନ୍ତ ବାଳରେ ଫେଣ, ରୁଧିର ଓ ମହୁମାଛି ମେଳା

ପ୍ରଥମ ମାସରେ ପ୍ରଭୁ ଥାପିଥିଲ ଯେ ପଦ୍ମ ଗର୍ଭରେ
ଫୁଟିଲା ଦଶମ ମାସେ ଛିନ୍‌ଭିନ୍ ହଂସଟିଏ ହୋଇ
ପଦ୍ମନାଡ଼ ବେକଗୋଟି କଳଙ୍କର କଟକେ ଲୋଟାଇ

ମଲ୍ଲିକା (୨)

ମଲ୍ଲିକା, ତମର ମୃତ୍ୟୁ ତମଠୁ ଫେରି
ଚାଲିଗଲା
ଝିଟିପିଟିର ଉପତ୍ୟକାକୁ

ସେତେବେଳେ ଦ୍ୱିପ୍ରହର
ଯନ୍ତ୍ରଣାର ବଖରା ଉପରେ
ଗୋଟାଏ ବକ୍ର ପରିତ୍ୟକ୍ତ ଘୋଡ଼ା
ତା'ର ସ୍ଥିର ଦୁଇ ଆଖିରେ ବିଦ୍ଧ
ଦୁଇଟା ଉଜ୍ଜ୍ୱଳ ପିତଳର ଫଳକ

ମଲ୍ଲିକା, ତମର ନୀଳାଭ ନାଭିଦେଶରେ
କୌଣସି ବନ୍ୟଶସ୍ୟର ଚାରା
କୌଣସି ଅନ୍ୟ ଋତୁ

ସହର ଶେଷରେ ରେସ୍ତୋଁରା କାଚରେ
ମୋ ନିଜର ମୁହଁ ମତେ ଦିଶେ ନାହିଁ
ମୋର ଡୋଳା ହୁଏ ସ୍ଥିର ପିତଳର

ମଲ୍ଲିକା, ତମେ ପୃଥିବୀର ଦ୍ୱିତୀୟ କିଶୋରୀ
ଯାହାର ଦୁଇ ଅନୁଚ୍ଚ ସ୍ତନରେ
ସର୍ପ ଦଂଶନର ଦାଗ
ହୁଏତ ତଥାପି କିଞ୍ଚିତ ପାପ ବାକି ଥିଲା
ତୁମର ଶ୍ୱେତ ନିର୍ଜନତାରେ
ସେଥିପାଇଁ ତୁମ ଅସତୀ ଜଙ୍ଘରେ
ଏକ ଉଚ୍ଚାଟ ପଦ୍ମବନ

ମୋର କାମିଜ୍‌ର ଛାତି ପକେଟରେ
କାହାର ଚାପା କ୍ରନ୍ଦନର ଶବ୍ଦ
କିଏ କାନ୍ଦେ ? ଏକ ଗୋପନ ଅତ୍ୟାଚାରରେ
କିଏ ଖଣ୍ଡ ଖଣ୍ଡ କରେ
ମୋ କୁର୍ତ୍ତାର ସମସ୍ତ ବୋତାମ ?

ମଲ୍ଲିକା, ଭଲ ହେଲା ତମେ ମରିଗଲ
ତମର ମୃତ୍ୟୁ କ୍ଲାନ୍ତ ହୋଇ
ଫେରିଗଲା
         ଈଶ୍ୱର
ଓ ଝିଟିପିଟିଙ୍କ ଉପତ୍ୟକାକୁ

ଈଶ୍ୱରଙ୍କ ହତ୍ୟା ସମ୍ପର୍କରେ

ତୁମେ ପ୍ରଭୁ ବ୍ୟସ୍ତ ଥାଅ । ହୁଏତ ତୁମର ଲକ୍ଷ୍ୟ ନାଇଁ
ଯେ ମୁଁ ମନ୍ଦିରକୁ ଯାଏ ପ୍ରତିଦିନ, ପ୍ରତିଦିନ ସ୍କୁଲ୍ ପିଲା ପରି
ତୁମର କାଠର ଆଖି, ଏବଂ ତୁମ ଚାହିଁବାର କରୁଣ ବର୍ଷାରେ
ମୁଁ ମଧ୍ୟ ତିନ୍ତଇ ପ୍ରଭୁ, ନିଦ ମୋର ଏକମାତ୍ର ଶତ୍ରୁ
ସହଜରେ ଆସେ ନାହିଁ, ଅନେକ ଯନ୍ତ୍ରଣା ଦିଏ
ରାତିସାରା ରାସ୍ତାରେ ହକାଳେ
ଅର୍ଣ୍ଣିତ ରୁମାଲ ପରି ଭାଙ୍ଗି ଭୁଙ୍ଗି କେଉଁ ଚୌକି ଟେବୁଲ୍‌ରେ ଥୁଏ
ପରଦିନ ମୁଁ କରଇ ପ୍ରାର୍ଥନା ଓ ପ୍ରାତଃସ୍ନାନ, ମଠାଜାମା ପିନ୍ଧେ
ତା'ପରେ ମନ୍ଦିର ଯାଏ ପଦବ୍ରଜେ, ସନ୍ଧ୍ୟାହେଲେ, ଶଙ୍ଖଧ୍ୱନି ହେଲେ
କାକୁସ୍ଥ ଡଂଗାଟି ପରି ପଡ଼ିବାକୁ ତମ ଘର ସମୁଦ୍ର ବାଲିରେ

ଅଥଚ ଲାଗେନା ଭଲ । କିଛି ଗୋଟେ କ୍ଷୋଭ, ବ୍ୟତିକ୍ରମ
କିଛି ଗୋଟେ ସଂଗୁପ୍ତ କ୍ଷତରୁ ଟୋପା ଟୋପା ରକ୍ତ ବୋଧେ ଗଡ଼େ
ମନ୍ଦିର ହୁଅଇ ଛିଡ଼ା କାନ୍ଥ ପରି, ଅହଂକାର ପରି
ପ୍ରଭୁ ମତେ ଗ୍ରାସକରେ କ୍ଷମାହୀନ ଚରିତ୍ରହୀନତା ଅକସ୍ମାତ୍
ଛାୟାଛନ୍ନ ଗମ୍ଭୀରୀରେ ଘଣ୍ଟ ଶୁଭେ ଟ୍ରେନ୍ ଶବ୍ଦ ଭଳି
ବ୍ରାହ୍ମଣର ସ୍ୱେଦ ମତେ ଗଣିକାର ସ୍ୱେଦ ଭଳି ବାସେ
ମୁଁ ଦେଖେ ଯେ ଓଦା ଶାୟା ପରି କିଛି ଯୁବତୀଙ୍କ ଦଳ
ପ୍ରଗଲ୍‌ଭ ନିରାଶା ନେଇ ପଶିଯାନ୍ତି ତୁମ ଗହ୍ୱରରେ
ମୁଁ ପୁଣି ଅପେକ୍ଷା କରେ ଖୁଣ୍ଟ ପାଖେ, ଦେହ ମୋର ପତ୍ରଭଳି ଥରେ
କେବେ ହେବ ମଧ୍ୟରାତ୍ରି ମୁଁ ଏବଂ ସେ ବ୍ରାହ୍ମଣ ମିଶି
ଏମାନଙ୍କ ସ୍ତନାଗ୍ରରେ ତୁମର ସିନ୍ଦୁର ଦେବୁ ଲିପି
କ୍ରମେ ମଧ୍ୟରାତ୍ରି ହୁଏ, ଅନ୍ଧାରରେ ମିଶେ ମୋର ମାଂସ

ମନ୍ଦିର ହୁଅଇ ଲୀନ, ତୁମେ ପ୍ରଭୁ ନୀଳବର୍ଣ୍ଣ ହୁଅ
ଭୟ ଓ ଚକ୍ରାନ୍ତ ଏକ କୃଷ୍ଣ ମେଷ ହୋଇ ହୁଏ ଠିଆ
ମୋ ସାମ୍ନାରେ। ମତେ ଲାଗେ ମନ୍ଦିରରେ ଚାଞ୍ଚଲ୍ୟ ବା ହତ୍ୟାକାଣ୍ଡ ହେବ
ଦେବତା ଓ ଦେବତାଙ୍କ ମଧ୍ୟେ। ବା ହୁଏତ ସମସ୍ତ ଦେବତା
କେଉଁ ଏକ କ୍ରୀତଦାସୀ ଧର୍ଷଣ କରିବେ ଆଜି ରାତେ

ମୁଁ ତୁମକୁ ଅତର୍କିତେ ଦେଖେ। ହିଂସା ଏବଂ ଘୃଣାରେ ଗମ୍ଭୀର
ବ୍ରାହ୍ମଣର ପତ୍ତା ନାହିଁ। ଘଣ୍ଟାଦଉଡ଼ି ସାପ ପରି ଝୁଲେ
ମୁଁ ଆତଙ୍କେ ଫେରିଆସେ। ଅଳନ୍ଧୁ ଓ ପ୍ରାଚୀନ ପ୍ରସ୍ତରୁ
କି ଏକ ଅବ୍ୟକ୍ତ ଧ୍ୱନି! କାର କ୍ରୁଦ୍ଧ ଘୃଣ୍ୟ ଛୁରା ମାଡ଼େ
କେଉଁ ମୃତ ଦେବତାର ଦ୍ୱିଖଣ୍ଡିତ କଣ୍ଠନଳୀ ଗଡ଼େ
ମୁଁ ଆତଙ୍କେ ଫେରିଆସେ ମୋ କାନ୍ଧରେ ଭାଙ୍ଗଇ ମନ୍ଦିର
ଯେଉଁ ଶିଡ଼ି ଊର୍ଦ୍ଧ୍ୱେ ଯାଏ, ସେଇ ଶିଡ଼ି ନିମ୍ନେ ଖସିବାର
ରାସ୍ତାରେ ନ ଥାନ୍ତି ବତି, କୁକୁର ବା କ୍ୱଚିତ୍ ଭିକାରି
ମୁଁ ଭାବେ ପ୍ରତ୍ୟୁଷ ହେଲେ ଥାନାବାଲା ଜାଣିବେ ନିଶ୍ଚୟ
ମନ୍ଦିରରେ ଏନକ୍ୱାରୀ। ଦାରୋଗା ଶ୍ରୀ ଅନନ୍ତ ସୁବୁଦ୍ଧି
ରକ୍ତାକ୍ତ ଚଟାଣ ଭର୍ତ୍ତି ଦ୍ୱିଖଣ୍ଡିତ ବେକ ଓ ଆଙ୍ଗୁଠି
ମୃତଦେହ–ଦେବ ଦେବୀ ଦୂତ ସୈନ୍ୟ ଇତ୍ୟାଦି ଇତ୍ୟାଦି

ଅନ୍ତର୍ଗତ ଦୁଃଖ

ଅବୋଲକରା

ତୁମେ ସବୁ ଗଲେ ଯାଅ, ମୁଁ ଏଠାରେ ଅର୍ଖିତ ଭଣ୍ଡାରି
ତଥାପି ପୋତିବି ଛତା । ପବନର ଖୋଲା ହୋଟେଲ୍‌ରେ
ବିକିବି ସମସ୍ତ କ୍ଳାନ୍ତି । ଶାରଙ୍ଗୀରେ ବାନ୍ଧି ନୂଆ ସ୍ୱର
ମୋ ସାଆନ୍ତ ଆସୁଥିବେ ଡେଇଁ ଲକ୍ଷେ ବିଲ ହାଟ ଜୋର

ସାଆନ୍ତ ଗୋ, ତମେ କିଆଁ ଚାଲିଗଲ ମାଛି ଅନ୍ଧାରରୁ
ନିଆଁଲଗା ଆଖିରେ ମୋ କେଇ ଦଣ୍ଡ ଥିଲା ବା ପହଡ଼
ସକାଳ ପହରୁ ଆସି ବନ୍ଦିବାକୁ ଗାଆଁବାଲାମାନେ
ଏଇନା ଫେରାଇନେଲେ ଧୂପ, ଦୀପ, ଅରୁଆଚାଉଳ

ସାଆନ୍ତ ମୋ ଫେରିଆସ, ସମୟର ପିଙ୍ଗଳ ସ୍ତନରୁ
ପୂତନାର କ୍ଷୀର ପରି ଝରୁଚି ଚଣ୍ଡାଳ ରସ । ତମେ ଗଲ କିଆଁ ?
ମୁଁ ମୂର୍ଖ ମଞ୍ଜାଳୁଥାନ୍ତି ଦୁଇପାଦ, ତମେ ନାଇ ଚନ୍ଦନର ପାଟୀ
ପିନ୍ଧି ଛିଟ ଜାମା ଏଠି ବସିଥାନ୍ତ ସାହାବ ମାନିଆ

ଗପ ମୋ ଝଲ୍‌ସି ଉଠେ ଦ୍ୱିପ୍ରହରେ ଜଳଛବି ପରି
ସାଆନ୍ତ କେଉଁଠି ତୁମେ, କାହା ଦଧିନଉତି ଉପରେ
ଜଳୁଚ ପତାକା ହୋଇ ବା କାହାର ରତ୍ନମତୀ ଇଚ୍ଛା
ତୁମକୁ କରିଚି ମେଣ୍ଢା ଦିନସାରା ଏବଂ ରାତି ହେଲେ
ସେ କେଉଁ ଡାଆଣୀ ତା'ର ଜାନୁରେ ଆବଦ୍ଧ କରି
କରେ ତୁମ ଓଠ ହଳଦିଆ
କୁଟାରେ ଶୋଷଇ ରକ୍ତ, ମୁଁ ଚାଣ୍ଡାଳ ଭଣ୍ଡାରି ବାପୁଡ଼ା
ଏଣେ ମୋ ବଟୁଆ ମଧ୍ୟେ ଗଡ଼େ ତୁମ ସୁନା ଡେଉଁରିଆ

ନିଷ୍ଠୁର ମୁହୂର୍ତ୍ତମାନେ, ତମେ ଯଦି ଜାଣିଥାନ୍ତ
କେଉଁପରି ଏ ମୂର୍ଖ ଭଣ୍ଡାରି
ଆଖିର କୁରାଢ଼ି ଦାଢ଼େ କାଟିଦିଏ ପତ୍ର ଗହଳକୁ
କେତେ ଛୋଟ ଇଚ୍ଛା ନେଇ କେତେ ବଡ଼ ଋତୁଚକ୍ର ଗଢ଼େ
କିପରି ମୃତ୍ୟୁର ତନ୍ତୁ ନେଇ ବୁଣେ ଜୀବନର କୁର୍ତ୍ତା
ଜଳେ ପୁଣି ପୁନର୍ଜୀବନରେ

ମୋ ଗେହ୍ଲା ପସରା, ମୋର ସାଆନ୍ତ ଗୋ ବାଇଆ ସାଆନ୍ତ

ତମେ ସବୁ ଗଲେ ଯାଅ ମୁଁ ଏଠାରେ ଅର୍ଖିତ ଭଣ୍ଡାରି
ତଥାପି ପୋତିବି ଛତା । ସ୍ମୃତି ଏବଂ ଲୁହର ମଶାରି
ବୁଣିବି ତାକୁଡ଼ି ଧରି । କୁହୁଡ଼ି ଓ ବିଶ୍ୱାସ ମିଶାଇ
ବନାଇବି ତମ୍ବୁ ଏକ । ପଞ୍ଜରାକୁ କରିବି ଶାରଙ୍ଗୀ
ଶୋଇଯିବେ ଗାଁ ଲୋକେ ଓସ୍ତଗଛ ନଦୀ ଓ ଝିଙ୍କାରି

ତା'ପରେ ହୁଏତ ଶବ୍ଦ ସାଆଁନ୍ତଙ୍କ ରୁପା କଠଉର
ଚନ୍ଦ୍ରାବଳୀ ଏରୁଣ୍ଡିରୁ ଡେଇଁ କେତେ କୁହୁକ ନଗର
ଡେଇଁ ଲକ୍ଷେ ବିଲ ହାଟ ସାଆନ୍ତଙ୍କ କଲବଲ ଗଳା
'ଓଃ ଆଜି ବଡ଼ କ୍ଳାନ୍ତି, ଅଛୁଟିରେ, ଏ ଅବୋଲକରା'

ପ୍ରତ୍ୟାବର୍ତ୍ତନ

କେତେ ଧୂଳି ଭର୍ତ୍ତିହେଲା ମଟରର ଏପଟେ ସେପଟେ
ପ୍ରିୟତମା, ତମେ ଦେଖିଲନି । ଯଦିଓ ତମର ଗର୍ବ
ଚକ୍‌ଚକ୍ ଉଜ୍ଜ୍ୱଳ ଧୂଆଁରେ ଉଠେ ସ୍ତମ୍ଭ ପରି, ଦେଖ ଥରେ
ମୁଁ ଏଠି ହୋଇଛି ଠିଆ ତାରାଠାରୁ ଅସ୍ପଷ୍ଟ ନିଷ୍ପ୍ରାଣ
ମୁଁ ଏଠି ପଡ଼ିଚି କାହା ପକେଟ୍‌ରେ ମକ୍‌ଚା ସନ୍ତର୍ପଣ
ଚିଠି ପରି । କେତେ ଦୁଃଖ ଭରିଗଲା ମଟରର ଏପଟେ ସେପଟେ
ପ୍ରିୟତମା, ତମେ ଦେଖିଲନି

ଧୂଳି ଓ ଧୂଆଁରେ ଗଢ଼ା ଅବୟବ । କେତେ ବଡ଼
ବିସ୍ତାରିତ ଆଶା ଏକାଠି କରିଚି ସବୁ । କେତେ
ଅକସ୍ମାତ୍ ହିଂସା ରହିଗଲା ମଟରର ଏପଟେ ସେପଟେ
ପ୍ରିୟତମା, ତମେ ଚାଲିଗଲ, ଯାଅ ରୁହ କେଉଁ ଅନ୍ୟ ନକ୍ଷତ୍ରରେ
ଅନ୍ୟ ଏକ ଯୁବକର ସାଥେ, କୌଣସି ଆପତ୍ତି ନାହିଁ
ମୁଁ ସେମିତି ରହିଥିବି, ଯୁବତୀ ଓ ପରିବାଦୋକାନ ଦ୍ୱାରା
ବିଦ୍ଧ ଏଇ ନିର୍ଲୋଭ ସହରେ

ସବୁତ ଫେରିବ ଦିନେ । ମୃତ୍ୟୁଠାରୁ ପରାହତ ଆଶା
ଦୁଃଖଠାରୁ ଦୁଃଖହୀନ ଦୁଃଖ, ହୃଦୟରୁ ହୃଦୟହୀନତା
ପୁଣି ତ ଫେରିବେ ଦିନେ ଯୀଶୁଖ୍ରୀଷ୍ଟ ଟଙ୍ଗାହୋଇ ଉଡ଼ାଜାହାଜରେ
ତାଙ୍କ ଛାଇ ପଡୁଥିବ ପୀଡ଼ିତ ବେଶ୍ୟାଙ୍କ ଦ୍ୱାରା ଭର୍ତ୍ତି ଛାତସାରା
ରାସ୍ତା କ୍ରମେ ପୂର୍ଣ୍ଣ ହେବ କୌମାର୍ଯ୍ୟ ଓ ପରିବା ଗନ୍ଧରେ
ପୁଣି ତ ଫେରିବ ତୁମେ କ୍ଷମାହୀନ କ୍ଲାନ୍ତିର ଜାହାଜେ
ଆଉ ଉଡ଼ିବନି ଧୂଳି, ଛିଡ଼ାହେବ ନିଶ୍ଚଳ ମଟର
ତୁମକୁ କରିବି ମୁକ୍ତ ମୁଁ ସେଠାରୁ, ଅଦୃଶ୍ୟ ଯନ୍ତ୍ରଣା ପରି
ଦୀର୍ଘ ଏକ ବିକଟାଳ ହସର ସାହାଯ୍ୟେ

ସୁକେଶୀ ବାଳିକା

ଥରେ ମୋର କୋଠରିକୁ ଆସିଥିଲା ସୁକେଶୀ ବାଳିକା
କୋମଳ ଆଲୋକ ପରି ସ୍ତନ ତା'ର। ହାତ ସାରା ଫୁଲ
ଆଉ ମୃତ୍ୟୁ। ଅଶ୍ରୁର କଳଙ୍କେ ସ୍ନିଗ୍ଧ ଦୁଇ ଆଖି
କ୍ଷମାହୀନ ପ୍ରେମ ଆଉ ଉଦାସୀନ ସ୍ମୃତିର ନାୟିକା

ଈର୍ଷାରେ ଉଚ୍ଚାଟ ତାର ଲୋମକୂପ। ମିଥ୍ୟାର ମହିମା
ଯୌବନ ଉଜ୍ଜ୍ୱଳ କରେ ବାରମ୍ବାର। ଦେହର ସୁବର୍ଣ୍ଣରେଖା
ଭରିଉଠେ। ମୁହଁ ସାରା ପାପ ଓ ପ୍ରାର୍ଥନା

ଦିନେ ମୋର କୋଠରିକୁ ଆସିଥିଲା ସୁକେଶୀ ବାଳିକା
ଏକା ଏକା। ଫେରିଗଲା ରହି ମାତ୍ର କ୍ଷଣେ
ଯେହେତୁ ମୁଁ ଥିଲି କେଉଁ ଦୂରାନ୍ତରେ
ଓ ଘର ମୋର ଜଗୁଥିଲା,
          ନପୁଂସକ କ୍ରୀତଦାସ ଜଣେ

ହଂସ

ଆ ଚାଲିଆ
ଶୋଣିତ ପୁଞ୍ଜରେ କିଏ
ବୁଲୁଅଛି ମୁକ୍ତ ଛୁରୀ ହାତେ
ଆ ଚାଲିଆ
ସନ୍ନ୍ୟାସୀର ଅଟ୍ଟହାସ୍ୟ
ରକ୍ତସ୍ନାତ ହେବାର ପୂର୍ବରୁ
ଆ ଚାଲିଆ ଉଦରକୁ
କଳଙ୍କିତ ହେବାର ଗର୍ବରୁ

ବଗିଚା

ତା'ପରେ କ୍ରମଶଃ ଗଲୁ ବଗିଚାକୁ । ଫାଲ୍‌ଗୁନର ହାତ
ମତେ ଆଗ ଅନ୍ଧ କରି ଡାକିନେଲା ପୋଖରୀ ହୁଡ଼ାକୁ
ମୁଁ ପୁଣି ପ୍ରଶସ୍ତ ହେଲି ଯେଉଁପରି ପ୍ରଶସ୍ତ ପବନ
ମୁଁ ହୋଇଲି ଫୁଲ ଫଳ ବଗିଚା ଓ ଅକିଞ୍ଚନ ତୃଣ

ତଦୁତ୍ତାରେ, ମନେ ନାହିଁ କେତେ ଅସ୍ରା ବର୍ଷା ଆସିଗଲେ
ଓ ତୁମେ ସମସ୍ତ କେଶ ଫିଙ୍ଗିଦେଲ ବଗିଚା ଉପରେ

ପୁଣି ଫେରିବାର ରାସ୍ତା ଛକେ ଛକେ ଋତୁର ଦେବତା
ମାଜଣା ହେବାର ଚିହ୍ନ, ଛକେ ଛକେ ଯନ୍ତ୍ରଣାର ଚିହ୍ନ
ମୂକ ମନ୍ଦାରର ଫୁଲ, ଧୂଳି ଏବଂ ସମସ୍ତ ବିଭିନ୍ନ

ମୁଁ ତୁମକୁ ଅନାଇଲି, ମୋ ହାତରେ ତୁମର ଆଙ୍ଗୁଠି
ତୁମର ନିର୍ଜନ ଓଠ, ମୁହଁ ସାରା ରକ୍ତର ଛିଟିକା
ସମସ୍ତ କାତର କେଶ ଧୂଳି ଏବଂ ଲୁହଦ୍ୱାରା ଓଦା
ତମର ସମସ୍ତ ଦେହେ (ଧକ୍‌କା ଖାଏ ସମୁଦ୍ର ଯେଉଁଠୁ)
କେତେ ଯେ ଅବ୍ୟବସ୍ଥିତ ଦିନ ଦଣ୍ଡ ବର୍ଷ ମାସ ଋତୁ

ମୁଁ କହିଲି ଇୟେ କ'ଣ, ତୁମେ କ'ଣ ଝୁଣ୍ଟିଲ କେଉଁଠି
ହୁଏତ ହସିଲ ତୁମେ ଆସ୍ତେ ଆସ୍ତେ କହିଲ, 'ଜାଣନା ?
ସମସ୍ତ ଜୀବନ ଧରି ଇୟେ ମୋର ରହସ୍ୟ ଓ ସ୍ମୃତି'

ପୁଣି ଫେରିବାର ରାସ୍ତା । ଛକେ ଛକେ ଋତୁର ଦେବତା
ତାଙ୍କ ଲମ୍ବା ହାତ ପାଦ ଜରି ଏବଂ ସୁନାର ମୁକୁଟ
ମୁଁ ଭାବିଲି, ଚାଲୁଅଛୁ ଆମେ କ'ଣ ଜନ୍ମରୁ ମୃତ୍ୟୁକୁ
ନା ପୁଣି ମୃତ୍ୟୁରୁ ଜନ୍ମ, ଫେରିହେବ ବଗିଚା ଭିତରେ
ଯେଉଁଠାରେ ଜନ୍ମ ଠିକ୍ ମୃତ୍ୟୁ ପରି ଜାଳଇ ଆମକୁ

ଜନ୍ମଦିନ

ସନ୍ତୁଷ୍ଟ ଲାଗୁଚି ମତେ । ଫୁଲ ଫୁଟି ଆକାଶ ପୃଥିବୀ
ଭର୍ତ୍ତି ହେଲା, ବର୍ଷା ଧୋଇନେଲା ଅବଶିଷ୍ଟ ରକ୍ତ
ଧୋଇନେଲା ସନ୍ତର୍ପଣ ଫୁଲଫଳ । ବନ୍ଧୁମାନେ ଦର୍ପଣ ସାମ୍ନାରେ
ଆଡ଼ହୋଇ ପୋଛିନେଲେ ରକ୍ତଦାଗ । ଓ ମୋହର ଦୁଇଟି ଆଖିରେ
ନିଷ୍ପାପ ସହର ଆସି ଉଭାହେଲା । ମସୃଣ ଲୁହରେ

ରାସ୍ତା ଦିଶେ ସମୁଜ୍ଜ୍ୱଳ । ସଧବା ସ୍ତ୍ରୀଲୋକମାନେ
ଗୋମୟରେ ଲିପନ୍ତି ଦୁଆର । ପରିଚ୍ଛନ୍ନ କୌଣସି ବାଳକ
ବୁଲିଯାଏ ଫାଶୀଖୁଣ୍ଟ ଆଡେ । କର୍କଶ ଟିଣକୁ କିଏ
ବାଦ୍ୟ କରି ପିଟେ ଅଭ୍ୟନ୍ତରେ । ମଧ୍ୟାହ୍ନ ଉତ୍ତାରୁ
ଚକ୍ ଚକ୍ ଶୃଙ୍ଗ ପରି ଏକ ଦୀର୍ଘ ରଥ ଆସେ ମିତ୍ର ସହରରୁ

ସନ୍ତୁଷ୍ଟ ଲାଗୁଚି ମତେ ଯଦିଓ ମୋ କ୍ଷମାହୀନ ମୁହଁ
ଟଙ୍ଗାହୋଇ ଝୁଲୁଅଛି ରାଜଧାନୀ ସାରା । ଯଦିଓ ମୋ
ପତ୍ନୀର କେଶରେ, କଳା ପ୍ରଜାପତି ଏକ ଲୁଚିଅଛି
ଓ ମୋ ଭୂଲୁଣ୍ଠିତା ମାଆ କାନ୍ଦୁଅଛି ଦୂର ମନ୍ଦିରରେ
ମୁଁ ସନ୍ତୁଷ୍ଟ, ଯଦିଓ ମୋ ମୃତ ଦେହ ସୁଡ଼ଙ୍ଗ ମଧ୍ୟରେ
ପଡ଼ିଅଛି କାଠଡଙ୍ଗାପରି, ହାଡ଼ଭାଙ୍ଗି ଦିଶୁଅଛି
ଧଳା, କେନା କେନା, ମୋ ପୁରୁଣା ରକ୍ତ ହୋଇପାରି
ଉଜ୍ଜ୍ୱଳ ଆଲୋକ ଏକ ଧକ୍କାରୁଚି ମତେ ମୁହଁ କରି

ଦୁଇ ମିନିଟ୍‌ର ମଲ୍ଲିକା

ମଲ୍ଲିକା ଏଇଠି ଥିଲା ଦୁଇଟି ମିନିଟ୍
ତା'ପରେ ବିଚ୍ଛେଦ, ପୁଣି ଫିମ୍ପିଖିଆ ସମୟ ଫେରିବ
ସେ ଦୁଇ ମିନିଟ୍ କିନ୍ତୁ ଭରା ଥିଲା ଏପରି ଉଲ୍ଲାସେ
ଯାହା ନେଇ ମହନୀୟ କାବ୍ୟ ଲେଖିହେବ

କାବ୍ୟ ସିନା ଲେଖି ହେବ
                    ହେଲେ ମଲ୍ଲିକା ପଢ଼ିବ ନାହିଁ
ସେ ଖାତିର କରେ ନାହିଁ ବହିପତ୍ର। ପାନ ଖାଇପାରେ
ମୁହଁ ପ୍ରାୟ ପୂର୍ଣ୍ଣ ଥାଏ ପ୍ରଶସ୍ତ ଓ ବଦାନ୍ୟ ହସରେ
ହେଲେ ହାତ ନଖ କରିଚି ସେ ମୁନିଆ ଓ ଖର କଣ୍ଟାଗଛ
ସମୟ ପଡ଼ିଲେ ତା'ର ସାବନା ଓ ଚିକ୍‌କଣ ମୁହଁରେ
ଇତର ଓ ହିଂସ୍ର ଭାବେ ଫେରେ ତା'ର ସମ୍ପୂର୍ଣ୍ଣ ନାରୀତ୍ୱ

ନାରୀତ୍ୱ ଫେରଇ ସିନା, ତା ଭିତରେ ଚବିଶ ବର୍ଷର ନାରୀ
ଶୋଇଅଛି ଅଗୋଚରେ, ସେ ଖିଆଲ କରେ ନାହିଁ
ତା'କୁ ଔଷଧର ଗନ୍ଧ ରୂଢ଼ ଲାଗେ। ବେଶି ଆଡ଼ମ୍ବର
କଥା ସେ ତ ନାପସନ୍ଦ କରେ। ଈଶ୍ୱରଙ୍କୁ ଅସ୍ୱୀକାର
କରେ ନାହିଁ, ଏପରି କି କଠୋର କ୍ରୋଧରେ

କେବଳ ଗୋଟିଏ ସ୍ୱପ୍ନ, ଉତ୍ତେଜକ ବା ବିଷଣ୍ଣ
ସେ ଜାଣିନି, ତାକୁ କରେ ବ୍ୟତିବ୍ୟସ୍ତ । ବାରମ୍ବାର
ସେ ଦେଖେ ଯେ ବଜାର ଭିତରେ ତା' ଲୁଗା ଯାଇଛି ଖୋଲି
ଦ୍ରୁତ ଏବଂ ଖେଳଡ଼ ପବନେ । ସେ ଲଢୁଚି ପବନକୁ
ଏପଟ ସେପଟ ହୋଇ, ଅସମ୍ଭାଳ କାନି
କେବେ ଖୋଲିଯାଏ ସ୍ତନ, କେବେ ଦିଶେ ଜାନୁ ଯଉବନ
ତା'କୁ ଘେରି ବୃତ୍ତାକାରେ ଅଥଚ ନିଶବ୍ଦେ
ଦେଖୁଚନ୍ତି ଗରାଖ ଓ ବହୁ ବେଶି ବୟସ୍କ ଦୋକାନୀ

ସେ ଖରାପ ଭାବେ ନାହିଁ, ବରଂ ଖୁସି ହୁଏ ଯେ, ସେ
ଶୋଇଚି ନିଦରେ, ନିଜ ଘରେ, ଅଧା ସ୍ୱପ୍ନ ଦେଖୁ ଦେଖୁ
ଉଠିପଡ଼େ ଦୁଇ ମିନିଟ୍‌ରେ

ମଲ୍ଲିକା ଏଇଠି ଥିଲା ଦୁଇଟି ମିନିଟ୍ । ଦୋଦୋପାଞ୍ଚ ହୋଇ
ଆସିଥିଲା, ତଥାପି ବସିଲା, ସାଦା ପାନ ଚୋବାଇଲା
ଗୋଡ଼ ହଲାଇଲା । ରୋଦନ କି ଅଟ୍ଟହାସ୍ୟ କଲା ନାହିଁ
ବିନା ବାକ୍ୟବ୍ୟୟେ ଉଠି ଚାଲିଗଲା ଦୁଇ ମିନିଟ୍‌ରେ
ଯେପରିକି ସ୍ୱପ୍ନ ଭାଙ୍ଗିଗଲା

ସମ୍ବନ୍ଧ

ହେ ମୋର ଆତ୍ମୀୟମାନେ, ନିଷ୍କରୁଣ ରବିବାର ପରି
ତୁମର ଧାତୁର ଦେହ ଜଳିଉଠେ ଯେବେ ବାରନ୍ଦାରେ
ମୁଁ ଏକ ସଂଯତ ଲୋକ, ହାତେ ପିନ୍ଧି ସଫେଦ ଦସ୍ତାନା
ତୁମକୁ ପାଛୋଟି ଆଣେ ଗ୍ଲାସ ଭର୍ତ୍ତି ବିୟର ଅଜାଡ଼େ

ରବିବାର ଜଳେ ଦୃଶ୍ୟ ପରି, ନିଷ୍ଠା ପରି କ୍ଲୀବ ହୋଇପଡ଼େ
କ୍ଳାନ୍ତି ପରି ଭାଙ୍ଗିଯାଏ (କ୍ଳେଦ ଏବଂ ଧୂସରର ମୂର୍ତ୍ତି)
ସମୁଦ୍ର ବାଲିର ପରେ ଟୋପା ଟୋପା ରକ୍ତ ହୋଇ ଗଡ଼େ
ଓ ତୁମର କାଠଖୁରା ଭାସିଆସେ ଆମ ବସ୍ତିଆଡ଼େ

ପ୍ରତିମାଙ୍କ ପରି ଆମେ ବସିରହୁ ଭିନ୍ନ ଚଉକିରେ
ଅଥଚ ଟେବୁଲ୍ ଏକା। ତୁମର ଧାତବ ଦାନ୍ତ ଦିଶେ
ଅଟଳ ଗମ୍ବୁଜ ପରି ସ୍ଥିର ଆଖି ଦେଖେ ପରସ୍ପର
ଦେଖେ ଯେ ବିସ୍ତୀର୍ଣ୍ଣ କେତେ ଭୟ ଆଉ କ୍ଷତିର ଆକାର

ହେ ମୋର ଆତ୍ମୀୟମାନେ, ଯଦି ପୁନର୍ଗଠିତ ସାହସ
ଆଉଥରେ ଫେରିଆସି ଖୋଲିଦିଏ ଦୁଆର ଝରକା
ସେଥିରେ କି କ୍ଷାନ୍ତ ହେବ, ଏ ବାଷ୍ପୀୟ ଅନ୍ଧାର ଭିତରେ
ଯେ ସନ୍ଦେହ ଖେଳିଯାଏ ରକ୍ତବୋଳା ଆତଙ୍କ ପରିକା

ମୁଁ ଜାଣିଚି ପରାଜୟ, ମୁଁ ଚିହ୍ନିବି ଅଜସ୍ର ଠିକଣା
ଯେଉଁଠାରେ ଦୁଃଖ ଲୁଚି ରହିପାରେ କାଠର ଖୋଳରେ
ମୁଁ ଦେଖିଚି ସେଇ ଜାଗା ଯେଉଁଠାରେ କଳାକୁର୍ତ୍ତା ପିନ୍ଧି
ପ୍ରତିବିମ୍ବ ହସୁଥାଏ, ନିରୁଦ୍ଦିଷ୍ଟ ଦର୍ପଣ ଭିତରେ
ମୁଁ ଅନାଏ ସମସ୍ତଙ୍କୁ ଅଥଚ ମୁଁ କହେ କିଛି ? କାହିଁ ?
(ମୁଁ ଏକ ସଂଯତ ଲୋକ ଏବଂ ମୋର ଦସ୍ତାନା ଭିତରେ
ମୋର ଆଦ୍ୟପ୍ରାନ୍ତ ବୁଡ଼େ ଆଚ୍ଛାଦିତ ହୀନମନ୍ୟତାରେ)
ପୃଥିବୀ ଓ ମୁଁ ବିଭକ୍ତ। କେତେ ଗୁଡ଼େ ନାହିଁ ନାହିଁ ନାହିଁ

ଫାଙ୍କା ଦିନ

ଫାଙ୍କା ଦିନଗୁଡ଼ିକରଠାରୁ, ଅଧିକ କଠୋର ହତ୍ୟାକାରୀ
ମୁଁ ଅନ୍ତତଃ ଦେଖି ନାହିଁ। ସବୁଠାରୁ କୋମଳ ଶିଶୁକୁ
ପାହାଡ଼ ଆଡ଼କୁ ତାହା ଘେନିଯାଏ। ମୂଷାମାନେ
ରୁହନ୍ତି ବିଲରେ। ସୁରତିରେ ନିମଜ୍ଜିତ ପିତାମାତାଗଣ
ହୁଏତ ଦେଖନ୍ତି ନାହିଁ ଏ ସହର କେତେ ବେଶି ଫାଙ୍କା ଦିଶେ
କେତେ ବେଶି ଖୋଲା ଆଶାଶୂନ୍ୟ

ତୁମେ ଆଗେ ଓଠ ପୋଛ (ବାକିରହେ ଅନ୍ୟ ଦାଗମାନ)
ଓ ତା' ପରେ କଫି ଆଣ ଟେବୁଲକୁ। ମାତ୍ର ତିନିଘଣ୍ଟା ତଳ
ଖଟ ଓ ବିଛଣା, ତୁମକୁ କରଇ ଟିକେ ଲଜ୍ଜାଶୀଳା
ମତେ କରେ ଈଷତ୍ ବିଷଣ୍ଣ। ମସ୍ତବଡ଼ ଫାଙ୍କା ଏକଦିନ
ଦ୍ରୁତ ହୋଇ ଚାଲିଯାଏ, ପରିଛନ୍ନ ଖୋଲା କାମିଜ୍‌ରେ
ଦୂରର ଛକରୁ ତୀବ୍ର କଟୁ ପେଁକାଳି ଶୁଭେ
ଓ ଆମର ପ୍ରଥମ ସନ୍ତାନ ଆଉ ଜନ୍ମ ମିଳେ ନାହିଁ
କି ଏକ ହିଲ୍ଲୋଳ ଶୁଭେ ଅପରାଧୀ କୁରୂପ ପାହାଡ଼େ

ଆଉ ଥରେ ସନ୍ଧ୍ୟା ହୁଏ। ଖଟ ଓ ବିଛଣା ହୁଏ ପରିଷ୍କୃତ
ଏବଂ ତୁମେ ପୁନଶ୍ଚ ବିବସ୍ତ୍ର ହେବା ଆଗୁ, କ'ଣ ଭାବି ରହିଯାଅ
କ'ଣ ଭାବି କାନ୍ଦିଉଠ, କ'ଣ ଭାବି ମୁଣ୍ଡ ପିଟି ରକ୍ତ କର ସାରା ଚଟାଣକୁ
ଆଠଗୋଟି ନାରୀ ମୂଷା ପ୍ରବୋଧନା ଦିଅନ୍ତି ତୁମକୁ

ମୁଁ କେବେ ବସିରହେ। ଯେହେତୁ ମୁଁ କ୍ରମଶଃ ଜାଣୁଚି
ବିଚ୍ଛେଦହିଁ ସବୁଠାରୁ ବେଶି ପ୍ରତିଶ୍ରୁତି ଦିଏ
(ନଦୀ କ୍ରମେ ପୂର୍ଣ୍ଣ ହୁଏ କୋମଳ ରକ୍ତରେ)
ଓ ଯିଏ ସକାଳୁ ଯାଏ ଫାଙ୍କାଦିନ ପଛେ ପଛେ ପାହାଡ଼ ଆଡ଼କୁ
ସେ ଆଉ ଫେରଇ ନାହିଁ। ସହରର ଫାଶିଖୁଣ୍ଟ ପାଖେ
ଲୋକମାନେ ଖୋଜୁଥାନ୍ତି ଶବ ତା'ର କେବଳ ନାଆଁକୁ

ମୁଁ ସେମିତି ବସିରହେ, ରାତିହୁଏ, ଘର ଚଟାଣରେ
ତୁମେ ମୋର ସମସ୍ତ ଜନ୍ମର ସ୍ତ୍ରୀ, ପଡ଼ିଥାଅ ମୂଷିକବେଷ୍ଟିତା ହୋଇ
ଆଉ କେହି ନାହିଁ। କେବଳ ତୁମଠୁ ଅଧିକ ଶ୍ୟାମଳ ଏକ
ପବନର କର୍କଶ ରୋଦନ ଶୁଣାଯାଏ

ଫାଙ୍କାଦିନ ନିଃଶବ୍ଦରେ ଚାଲିଯାଏ ଅନ୍ୟ ସହରକୁ

ଅସମ୍ମତି

କେଉଁଠି ବିମୁଖ ନଦୀ କେଉଁଠି ବା ସମ୍ମତିର ବାଲି
ମୁଁ ଜାଣିଚି ତୁମେ ଜାଣ ଯେ ମୁଁ ଜାଣିଥିଲି
ତୁମେ ମତେ ଏପ୍ରିଲ୍‌ରେ ବାରମ୍ବାର ଚାହୁଁଥିଲ ବୋଲି

ରାସ୍ତାର କ୍ଷୁଧାକୁ ଚାହିଁ। ଗୋଇଠିର ସକଳ ଦରଜ
ଅକୃତଜ୍ଞ ଚୈତ୍ର ପରି ତମଘରୁ ଏରୋଡ୍ରମ ଯାଏ
ଜଳୁଚନ୍ତି। (ମଲ୍ଲିକା ଗୋ, ପ୍ରେମ ଏକ ଶ୍ୟାମଳ କରଜ)

ହେ ମୋର କ୍ଳାନ୍ତିର ବୃକ୍ଷ, ଦୁରାରୋଗ୍ୟ ଆତ୍ମପ୍ରଚ୍ଛନ୍ନତା
ଯେଉଁ ଗୋଚରର ଧର୍ମ, କଥା ତାର କହନ୍ତି କାହାକୁ
ବୃଥା ମୁଁ ପଠାନ୍ତି କିଆଁ ମୋ ଇଚ୍ଛାର ଶ୍ୱେତ ବଳଦକୁ

କେଉଁଠି କାଠର ଶବ୍ଦ, କେଉଁଠାରେ ଜହ୍ନ ସୌଦାଗର
ହରିଣ ଛାଲର ଚିଠି, ଦୁର୍ବିନୀତ ଲୁହାର ଅକ୍ଷର
ସ୍ୱାଧୀନ ଆକାଶ କହ ସମ୍ମତିରୁ ମୃତ୍ୟୁ କେତେଦୂର ?

ନିହତ ଶୈଶବ

ଏକ

ନା ସେମାନେ ରହିଲେ ନା ସ୍ୱପ୍ନ ନା ମେଘର ଚାନ୍ଦୁଆ
ଏଥର ତ ସେମାନଙ୍କ ବିନା, ସାରା ଫୁଲର ବଗିଚା
କାଚର ବଗିଚା

ବୋଉ, ମୁଁ ତତେ ପଚାରେ
କେମିତି ତୋର ହାତ ଗଲା ବୋଉ
କେମିତି ତୁ କାଟି ପାରିଲୁ ସେମାନଙ୍କୁ
ତୋର ପନିକି ସାରା ରକ୍ତ
ତୋର ହାତ ମୁହଁ ଶାଢ଼ୀ ସବୁଥିରେ ରକ୍ତ
ତୁ ପରିବାର ଖଣ୍ଡ ପରି କାଟିପାରିଲୁ ସେମାନଙ୍କୁ ?

ନା ସେମାନେ ରହିଲେ ନା ସ୍ୱପ୍ନ ନା ମେଘର ଚାନ୍ଦୁଆ
ନା ବଗିଚା ନା ପଞ୍ଜୁରି ନା ଜଙ୍ଗଲ ନା ସମୁଦ୍ର ଉପର
ଆଉ ତମେ ଦେଖିବନି ତାଙ୍କୁ, ଶୀତଦିନେ କି କୌଣସି ଦିନ
ଏଥର ତାଙ୍କ ବିଦୀର୍ଣ୍ଣ ପର ପଞ୍ଜରା ଆଖିର ନିରୀହ ମୁକ୍ତା
ଯନ୍ତ୍ରଣା ହୋଇ ସିନ୍ଦୂର ହୋଇ ଚନ୍ଦ୍ରକଳା ହୋଇ
ଜଳି ଉଠିବ ତ୍ରିକୋଣଭୂମିରେ

ବାପା, ମୁଁ ତମକୁ ପଚାରେ
କେମିତି ତମର ହାତ ଗଲା ବାପା
କେମିତି ତମେ କାଟି ପାରିଲ ସେମାନଙ୍କୁ ଅକ୍ଳେଶରେ
ଯେମିତି ତମେ କାଟିଦିଅ ତମର ହାଡ଼ ପରି ଧଳା ପେନ୍‌ସିଲ

କାଟିଦିଅ ତମର କୁହୁଡ଼ି ରଙ୍ଗର ଦାଢ଼ି
ଏଇନା ତମ ବ୍ଲେଡରେ ରକ୍ତ, ତମ ସାବୁନଫେଣରେ ରକ୍ତ
ଆଉ କାହାକୁ ତମେ ଚାହଁ ତଥାପି ?
ନା ସେମାନେ ରହିଲେ ନା ସ୍ୱପ୍ନ ନା ମେଘର ଚାନ୍ଦୁଆ
ବର୍ତ୍ତମାନ ଖାଲି ନିର୍ଜନ ରାସ୍ତାଘାଟ, ନିର୍ଜନ ଗିର୍ଜାଘର ଓ ନକ୍ଷତ୍ର

ଦୁଇ

ବୋଉ, ପାଞ୍ଚବର୍ଷରେ ମୋର ମୃତ୍ୟୁ
ଧଳା ରେଶମର ଚାଦର ଢାଂକି ମୁଁ ଆସିଲି ଆକାଶକୁ
ତୋ ହାତରେ ଖାଲି ମୋର ଦିଓଟି ନିରୀହ ଶୀତ ମୋଜା
ତା'ପରେ ତୁ ଫେରିଲୁ ପନିକି ପାଖକୁ
ବାପା ଲେଖିଲେ ନାଟକ
ଏ ତ ଠିକ୍ ଥିଲା, ତା'ପରେ ଦୀର୍ଘ ତିରିଶ ବର୍ଷ, ସବୁ ଥିଲା ଠିକ୍

ତା'ପରେ ଆଜି ସକାଳେ କାହିଁକି ତୁ ସହି ପାରିଲୁନି
ସେମାନଙ୍କ ଶବ୍ଦ, ସେମାନଙ୍କ ଅବତଳ ଆଖି, ଅଣ୍ଟା ନଖ
ତୋର ପନିକି ହେଲା ବନ୍ଦ
ବାପା ସହି ପାରିଲେନି ଆକାଶ କି ଗିର୍ଜାଘର କି ମେଘର ଛାଇ
ତାଙ୍କର କଲମ ହେଲା ବନ୍ଦ

ଏଥର ନା ସେମାନେ ରହିଲେ ନା ସ୍ୱପ୍ନ ନା ମେଘର ଚାନ୍ଦୁଆ
ନା ଲୋତକ ନା ଅଗ୍ନି ନା ଚନ୍ଦ୍ରପରି ଜଳୁଥିବା କ୍ଷତ
ଖାଲି ସବୁ ନୀହାରିକାରେ ଏକ ସୁଷୁରୀ
ସବୁ ଛାୟା ପଥରେ ଏକ ଆତଙ୍କ
ସବୁ ନକ୍ଷତ୍ରରେ କିଛି କଥାବାର୍ତ୍ତା କିଛି ଅହଂକାର
ଗ୍ରହ ତାରାର ଇଲାକାରେ ସେମାନଙ୍କ ଡେଣା ଅଣ୍ଟା ପର
ମୋ ଦେହ ସାରା ଜମିଯାଏ ନିଦ ହୋଇ ବାଲି ହୋଇ
ବାପା, ବୋଉ, ମତେ କଷ୍ଟ ହୁଏ, ଭାରି କଷ୍ଟ ହୁଏ

ନାଚଗୀତ

ଏକ

ମୁଁ କ'ଣ ଭୁଲିବି କେବେ ଏତେ ଶୀଘ୍ର ତମେ ପରା ଦିନେ
ସେ ଏକ ଅଦ୍‌ଭୁତ ନଦୀ ବହୁଥିଲା, ଇଚ୍ଛାମତୀ ନାମରେ ବିଦିତ
ତାକୁଇ ଉଦ୍ଦେଶ୍ୟ କରି ପାଟି କଲ, 'ଏଣେ ଆସ ଏଣେ'
ଏବଂ ମୋ ଆସିବା ଦେଖି କେତେ ତୁମେ କହି ନାହଁ
'ଡେଇଁପଡ, ଡେଇଁପଡ', ବୋଲି
ମୋ ଅଙ୍ଗାର ଦଶ ଆଙ୍ଗୁଠିରେ, ଘାଣ୍ଟିବାକୁ ପାଣିର କିଆରି

ଇଚ୍ଛାମତୀ ବିଚିତ୍ର ତଟିନୀ, ସାପ ପରି ଚିକ୍ ଚିକ୍ କୂଳ
ଏବଂ ମଧ୍ୟେ ସ୍ଥିର ଜଳ, ଶ୍ୱେତବର୍ଣ୍ଣ କ୍ଳାନ୍ତ ଓ ଗଭୀର
କେତେ ତୁମେ କହି ନାହଁ, 'ଆସ ଆସ ମଝି ବଖରାକୁ
ଆସି ପଦ୍ମନାଡ଼ ପରି ଜାବୁଡ଼ ଏ ସ୍ଫଟିକ ଜଳକୁ'
ମୁଁ ବେକୁବ୍, ଜାଣିଚିକି ସବୁଠାରେ ସମାନ ରହସ୍ୟ
ଅଙ୍ଗ ସ୍ପର୍ଶେ ସ୍ଥିର ନଦୀ, ପାଲଟନ୍ତି ପ୍ରକାଣ୍ଡ ଉଚ୍ଛ୍ୱାସ

ଦୁଇ

ଆଉ ବା କାହାର କିଏ, ନାଚଗୀତ କରୁଥିଲା ବେଳେ
କିଏ ଖୋଜେ ମହୁମାଛି, କିଏ ଅବା ଅନ୍ଧାରକୁ ଲୋଡ଼େ
ତୁମେ ଥାଅ ଝର୍କା ପାଖେ, କି ରିକ୍ସାରେ, କି ଦୂର ଗାଆଁରେ
ମୁଁ କେବଳ ନଇଁପଡ଼ି ସଫା କରେ ଜୋତାର ଗୋଇଠି
କେଉଁଠି ଜଙ୍ଗଲ ଜଳେ (ଲୁହ ଭାର ହୁଅଇ ଲାଘବ)
କିଏ ଖଞ୍ଜେ ଋତୁଚକ୍ର, କେଉଁଠାରେ କାନ୍ଦନ୍ତି ମାଧବ

ନିରାପଦ ମୁହଁ

ବରଂ ଟିକେ କ୍ରୋଧ ଭଲ, ଏତେ ବେଶି ନିରାପଦ
ଚେହେରାରେ ନଷ୍ଟ ହୁଏ ପ୍ରତିହିଂସା
ଜଣେ ରୁହେ କେତେ ଯେ ଊର୍ଦ୍ଧ୍ୱରେ
ଅଥଚ ଓହ୍ଲାଇପାରେ ନରକକୁ ହାତ ଧରି

ମତେ କର ଖିନ୍ ଭିନ୍, କେତେ ତୀକ୍ଷ୍ଣ କେତେ ତୀକ୍ଷ୍ଣ ନଖ
ଜିଭରେ ଭିଜାଅ ଜିଭ, ଶୋଣିତରେ ଅଜାଡ଼ ଶୋଣିତ
ଦୁଇଟି ଦୁଃଖର ଊରୁ ଇଚ୍ଛା ହେଲେ ରାତି ବାରଟାରେ
କରୁଣ ମଟର ପରି ଶୁଖିପାରେ ଆର୍ତ୍ତ ଓ ବିବର୍ଣ୍ଣ

ଏତେ ବେଶି ଶୀର୍ଣ୍ଣ ରକ୍ତହୀନ, ତଥାପି କୁଟାରେ
ମତେ କେବେ ଶୋଷି ନାହଁ, ଏତେ ବେଶି ଫୁଲ ଭଲପାଅ
ମତେ କାଟି ତିନିଖଣ୍ଡ କରି, କେବେ ତ ସଜାଇ ନାହଁ
ଟବ୍ ଭରି । କଫି ଫେଣ୍ଟୁ ଫେଣ୍ଟୁ ହଠାତ୍ ଫୁଟାଇ ନାହଁ
ଆଖି ମୋର କଫି ଚାମୁଚରେ
ଭାଙ୍ଗି ନାହଁ ପିଞ୍ଜରାକୁ ଚକ୍ ଭଳି, ସାମାନ୍ୟ ଈର୍ଷାରେ

ଦୁଃଖ କ'ଣ ଏକ କ୍ଷେତ୍ରଫଳ ? ଯା' ଉପରେ ଭାଙ୍ଗିପଡ଼େ
ବାରଂବାର ଇଚ୍ଛା ଓ ଆକୃତି ମୋର

ମୋ ଦେହର ଭାଦ୍ରବ ଆଷାଢ଼
ବର୍ଷା ଝରେ କ୍ଳାନ୍ତି ଝରେ
ରାସ୍ତା ହୁଏ ଆର୍ଦ୍ର ଓ ବିକୃତ
କ୍ଳେଶମୟ ସ୍ମୃତି ପରି ତୁମ ଦେହ ହୁଏ ଅନାବୃତ

ଖଟ ସାରା ତୁମର ନିଭୃତ ଅଙ୍ଗ ଚାହିଁ ରହେ
ତାହାହିଁ ତ ସମାଧାନ ବାରମ୍ବାର ଜାଣି ସୁଦ୍ଧା
ମୁଁ କେତେ ଧିକ୍କାର କରେ
ଥୁ ଥୁ କହି ଫିଙ୍ଗେ ଆବର୍ଜନା
ଓ ନିଜକୁ ଅନ୍ୟଠି ଫୋପାଡ଼େ

ଅଥଚ ଅଦ୍‌ଭୁତ, ବିଦାୟ ଆମରି ଲାଗି
ଗୋଟିଏ କୋଠରି ମଧ୍ୟେ ସୀମାବଦ୍ଧ
ଅନ୍ୟ କୋଠରିରେ, ଆହା ପୁଣି ନୂଆ ଦୁଃଖ
କେତେ ଦୁଃଖ ଦୋହଲାଏ ହୃଦୟକୁ
ପ୍ରେମ ଭାଙ୍ଗେ ସମୟକୁ, ସମୟ ବି ଭାଙ୍ଗଇ ପ୍ରେମକୁ
ସନ୍ଧ୍ୟାର ଶିଶିରପାତ ପରି ଆସେ କୁଣ୍ଠା, ସ୍ମୃତି, ମୃତ୍ୟୁ
ତୁମେ ପୁଣି ପିଇବସ ମୋ ଦେହର ଭ୍ରଷ୍ଟ ଶୋଣିତକୁ

ବରଂ ଟିକେ ଘୃଣା ଭଲ। ଏତେ ବେଶି ନିରାପଦ
ଚେହେରାରେ ନଷ୍ଟହୁଏ ପ୍ରତିହିଂସା
ତୁମେ ରୁହ ଅନେକ ଉର୍ଦ୍ଧ୍ୱରେ
ନରକେ ଓହ୍ଲାଇପାର ହାତ ଧରି। ନର୍କ ଆଲୁଅରେ
କେବଳ ମୁଁ ଜଳିଯାଏ
ତୁମେ କିନ୍ତୁ ଚାଲ ଅକ୍ଳେଶରେ

ଦୁଃଖ

ହେ ଦୁଃଖ,
ଏଥର ଖାଲି ତୁମେ ଆଉ ମୁଁ
ଆଉ କେହି ନାହିଁ
ଚତୁର୍ଦ୍ଦିଗ ପରିଷ୍କାର ରକ୍ତ ପରି
ପବିତ୍ର ବି
ଏବଂ ସବୁ ନିଦ୍ରିତ ପ୍ରହରୀ

ହେ ଦୁଃଖ
ମୁକୁଟ ଆଣ
ରଖ ସିଂହାସନ
ଆଉ କେହି ନାହିଁ
ସହାସ୍ୟେ ବଢ଼ାଇ ଦିଅ
ଯନ୍ତ୍ରଣାର ଗୁପ୍ତ ତରବାରି

ଅପରାହ୍ଣ

ଏକ

କାଛ ଦିଶେ ହଳଦିଆ । କ୍ଲାନ୍ତିମୟ ଆତୁର ସ୍ୱାଧୀନ
ଈଶ୍ୱର ଦିଶନ୍ତି କ୍ରମେ ହଳଦିଆ । କୁସୁମ ଫୁଲରେ
ହଳଦି ରଙ୍ଗର ଭୟ ଭାଙ୍ଗିପଡ଼େ । ଅପରାହ୍ଣ ହିଂସା ପରି ଜଳେ
ମୁଁ ଚାଲଇ ସନ୍ତର୍ପଣେ ଥମ ଥମ ବଖରା ଭିତରେ

ଫେରିବାକୁ ଇଚ୍ଛା ହୁଏ । କାନ୍ଦ କାନ୍ଦ ହୋଇ ଆସେ ଆଖି
କିଏ ଯଦି କହିଥାନ୍ତା (ଯାଉନ, ମୁଁ ବାନ୍ଧି ରଖିଚି କି)
କିଏ ଯଦି କହିଥାନ୍ତା ଉଦାର ସର୍ତ୍ତରେ, 'ଏଇ ମୁଁ ରହିଲି ରାଜି
ତୁମେ ଯାଅ ଧକ୍କା ମାରି, ମୁଁ ସହିବି ଦରଜ ଛାତିରେ
ଢୋକିବି ସମସ୍ତ ଧୂଳି, ପୁନର୍ଜନ୍ମ ଲଭୁଥିବା ବେଳେ'

ସୂର୍ଯ୍ୟର ଅରଟ ଘୂରେ ଥାକ ଥାକ ଗୁଛାହୁଏ ସୂତା
କମ୍ପୁଚି ହୃଦୟ ଧୀରେ, ଆଖି ଭର୍ତ୍ତିହୁଏ ଉଜ୍ଜ୍ୱଳତା
କେନାଲ୍ ସେପଟେ ତୁମ ଦୁଇ ଶୁଭ୍ର ପାପହୀନ ସ୍ତନ
ପାପ ପ୍ରତି ବିଶ୍ୱସ୍ତତା ସତ୍ତ୍ୱେ ମଧ୍ୟ ଆଶାର ପଙ୍କରେ
ମୁଁ କିପରି ଉଠେ ପଡ଼େ, ଭାଙ୍ଗିଯାଏ କ୍ରମେ ଅଣୁ ଅଣୁ
ଓ ମତେ ଛିଣ୍ଡାଇ ଖାଏ ଦୁରାରୋଗ୍ୟ ବ୍ୟାଧିର ଜୀବାଣୁ

ଯନ୍ତ୍ରଣା କାହାର ଭଲା ଏକଚାଟିଆ ? ଦୁଃଖ ଭଲା କାହାର ସ୍ତାବକ ?
ତୁମେ ମୋର ଯେତେ ଦୂର, ମୁଁ ତୁମର ସେତେ ନିଜ ଲୋକ
ଆମେ କେତେ ଛୋଟ, ଆମେ କେତେ ଏକା, କେତେ ମୃତ୍ୟୁମୟ
ପ୍ରତିଜ୍ଞା ଯଦିଓ ଆମ କ୍ଷୀଣତମ, ବିସ୍ତାରିତ ଆମରି ସଂଳାପ

ଦୁଇ

ଗଛରେ କଅଁଳେ ପତ୍ର, ସାବ୍‌ଜା ଏବଂ ଉଷ୍ଣ ଏବଂ ସ୍ଥିର
ଆଙ୍ଗୁଠି କଅଁଳିପାରେ ବ୍ୟାଧି ସତ୍ତ୍ୱେ, ବହିପାରେ ବିଶୁଦ୍ଧ ରୁଧିର
କେନାଲ୍ ପହଁରି ପାରେ ଦିନେ କେବେ, ତେଜିପାରେ ଆଲୁଅ ପୁନଶ୍ଚ
ଅଥଚ ମୁଁ ମନ୍ଦଭାଗ୍ୟ, ବହୁଦିନୁ ସରିଚି ସମସ୍ତ

ଇଚ୍ଛା ଏକ ପଦ୍ମଫୁଲ, ଦେହ ମୋର ରକ୍ତର କଣ୍ଢେଇ
ଆଖି କ୍ରମେ ଧଳାହୁଏ ଯନ୍ତ୍ରଣାରେ ମଲ୍ଲିକଢ଼ ପରି
ନିଶ୍ୱାସ ହୁଅଇ କ୍ରମେ ଦ୍ରୁତତର, ଲୁହର ପୋଖରୀ
କ୍ରମାଗତ ଭରିଉଠେ। କାନ୍ଥ ସାରା ଜଳେ ମୋର ମାଂସ
ଖିନ୍‌ଭିନ୍ ହୁଏ ହାଡ଼, ବଞ୍ଚିରହେ ଅସହ୍ୟ ପଉଷ

ମୁଁ ଏଠାରୁ ଦୌଡୁଥିବି (ପ୍ରତାରିତ ସମୁଦ୍ର, ପୃଥିବୀ)
ମୋର ଆତ୍ମଘାତୀ ଭାଗ୍ୟ ମତେ ନିଏ କ୍ଷତିରୁ କ୍ଷତିକୁ
ପ୍ରଚଣ୍ଡ ସୂର୍ଯ୍ୟରେ ବାଜି, ପାର୍ଶ୍ୱବର୍ତ୍ତୀ ଧାନକ୍ଷେତମାନ
ମୋ ରକ୍ତରେ କରି ଓଦା, ଫେରୁଥିବି ଛତାର ଛାଇକୁ
ଟପିବି ସହର ଦେଶ ଗାଆଁଗଣ୍ଡା ତମ୍ବୁ ଓ କ୍ରୋଟର
ଜଙ୍ଗଲୁ ଜଙ୍ଗଲେ ଫେରି, ପାହାଡ଼ରୁ ଅନ୍ୟ ପାହାଡ଼କୁ
ଲୁହ ସେମ୍‌ତି ବହୁଥିବ
କିଏ ଜାଣେ ତମେ କେବେ ଡାକି
'ଆଃ ଏଥର ବନ୍ଦ କର', କହି ଆସ୍ତେ ପୋଛିଦେବ ଆଖି

ଅନୁପସ୍ଥିତି

ତୁମେ ଆଉ ଫିଙ୍ଗ ନାହିଁ
ଥପ୍ ଥପ୍ ଆଲୋକର ଲୁହ
ଭୁଲ୍ ଠିକଣାରେ

ମୁଁ ଆଉ ଏଠାରେ ନାହିଁ

ମୁଁ କେଉଁ ଗଳିର ଦାଢ଼େ
ବତକର କଦର୍ଯ୍ୟ ଆଙ୍ଗୁଠି ହୋଇ ଗଢ଼େ

ଆଉ ବା ପ୍ରମାଣ କରି ଲାଭ କ'ଣ
ଉଜ୍ଜ୍ୱଳ ଛାଇଙ୍କ କଥା
ନଦୀ କଥା, ଦ୍ୱିପ୍ରହର କଥା

ମୁଁ ଆଉ ଏଠାରେ ନାହିଁ

ମୁଁ କେଉଁ ଅଗ୍ନାଗ୍ନି ବଣେ
ଗଛଙ୍କର କ୍ଷତ ହୋଇ ଜଳେ

ସ୍ୱର୍ଗ, ନର୍କ ଓ ମଲ୍ଲିକା

ମଲ୍ଲିକା, ତୋ' ଲାଗି ଗଲି ବାରମ୍ବାର ସ୍ୱର୍ଗକୁ ନର୍କକୁ
ନା ପାରିଲି ମନ କିଣି ତୋ'ର, ନା ପାରିଲି ଦେହ ଜିଣି ତୋର

ମଲ୍ଲିକା, ସ୍ୱର୍ଗରେ ବଡ଼ କଷ୍ଟ ହୁଏ। ଉଦାସୀନ ସୌଧମାଳା
ଅମ୍ଳଜାନବିହୀନ ପବନ, ରାସ୍ତାର ଦି' କଡ଼େ ନମ୍ର ଧଳାସାପ
ଅତ୍ୟନ୍ତ ଦୁର୍ମୂଲ୍ୟ ବେଶ୍ୟା, ଅନୁତାପହୀନ ସ୍ୱରମାଳା
ସୁବର୍ଣ୍ଣ କଠଉ ପିନ୍ଧି ନିର୍ଜନରେ କାନ୍ଦନ୍ତି ଈଶ୍ୱର

ମଲ୍ଲିକାରେ, ନର୍କ ବଡ଼ ମନୋହର, ତୋ' ଆଖିର ଅଶ୍ରୁ ପରି
ଝଲମଲ ନିରୀହ ଟଗର, ସ୍ଥାନେ ସ୍ଥାନେ ରବର ଓ ଟ୍ରକ୍
ପୋଡ଼ିବାର ଗନ୍ଧ, ରକ୍ତ ଓ ପାପର ବାସ୍ନା
କି ସୁରମ୍ୟ ଆବର୍ଜନା ! ଦୁଃଖ ପରି ନିରାପଦ ବନ୍ଦିଶାଳା
ଶ୍ୟାମଳ ଗଣିକା ଦଳ, କୁକୁର ଓ ପରିବା ଚୋପାରେ ଭର୍ତ୍ତି
ରାସ୍ତାଘାଟ ଓ ଅନେକ ପରିଚିତ ଲୋକ

ମଲ୍ଲିକା, ତୁ ପରା ଦିନେ ରାଜିଥିଲୁ, ମୋ ସାଥୀରେ
ଯିବାକୁ ନର୍କକୁ ! ଯେ ଆଲୋକେ କୌମାର୍ଯ୍ୟ ଲୁଣ୍ଠିତ ହୁଏ
ସେ ଆଲୋକ ଜଳୁଥିଲା ଘରସାରା, ମୁଁ କହିଲି
'ଉଠ୍, ଚାଲ ଯିବା ନର୍କକୁ, ମୁଁ ରିକ୍ସା ଡାକି ଆଣୁ ଆଣୁ
ତୁ ପିନ୍ଧିନେ ଲୁଗାପଟା', ଓ ମୁଁ ଗଲି ବଜାରକୁ
ଫେରିଲା ବେଳକୁ ସବୁ ଅନ୍ଧକାର ଭରି ଏକ ପରାହତ ଆଶା
ଓ ମୋର ହୃତ୍‌ପିଣ୍ଡ ସାରା ଭର୍ତ୍ତି ଲାଲ୍ ପୋକ

ହଁ, ଆଉ ଆସନ୍ତା କିଏ, ପ୍ରବଞ୍ଚକ ପବନ ବ୍ୟତୀତ
ମଲ୍ଲିକା, ତୋ' ଲାଗି ଗଲି ଉଦାସୀନ ସ୍ୱର୍ଗକୁ ଯେଉଁଠି
ଧବଳ ପତକା ଉଡ଼େ ନିଶ୍ଚଳ ଆଲୋକେ
ମଲ୍ଲିକା, ତୋ ଲାଗି ଗଲି ନର୍କକୁ ଯେଉଁଠି
ସନ୍ତପ୍ତ ପ୍ରତିଜ୍ଞା ଜଳେ ରାଜଧାନୀ ରାସ୍ତା ଦୁଇ ପାଖେ
ତୁ ନ ଥିଲୁ କେଉଁଠାରେ, ତୁ ଛୁଡ଼ିଲୁ ବଚନ ତୋହର
ନା କେବେ ହୃଦୟ ଦେଲୁ ନା କଦବା ଅର୍ପିଲୁ ଶରୀର

କଳାଘର

କେହି ଜଣେ ହସିଲା ଜୋର୍‌ରେ, ଛୋଟ କଳାଘରେ
କ୍ରୋଧରେ କି ବିଦ୍ରୂପରେ। ସମୁଦାୟ ଡାକ୍ତରଖାନାରେ
ଜଣେ ମୃତ ନର୍ସ ଖାଲି ପଡ଼ିଥିଲା ମଝି ବାରନ୍ଦାରେ
ଓ ଜଣେ ଅନୁପସ୍ଥିତ ଡାକ୍ତର ବ୍ୟତୀତ
ଆଉ କେହି ନ ଥିଲେ ସେଠାରେ

ସବୁ ବିଛଣାରେ ଥିଲା ପରିଷ୍କାର ବିଛଣା ଚାଦର
ବଖରା ବଖରା ହୋଇ ତିନିଶ ଠୁ ବେଶି ଧଳାଘର
ବଗିଚା ଓ ଝକ୍ ଝକ୍ ଔଷଧିର ଶିଶି ଥିଲା ସଜା ହୋଇ
ଥାକ ସାରା। ବଳିଷ୍ଠ ପବନ ଏକ ବୁଲୁଥିଲା ବାରନ୍ଦାରେ
ଜଣେ ବି ନ ଥିଲେ ରୋଗୀ। ଖାଲି ଏକ
ତୀକ୍ଷ୍ଣ ଓ ଅବ୍ୟବହୃତ ଛୁରୀ ଥିଲା ପ୍ରତି ଆଲ୍‌ମିରାରେ

ମଚ୍‌ମଚ୍ ଛୋଟ କଳାଘରେ ଖାଲି ଜଣେ କିଏ
ହସୁଥିଲା ଟହ ଟହ ହୋଇ। ଶବ୍ଦ ଖାଲି ସେତିକି କେବଳ
ସବୁ ଟେଲିଫୋନ୍ ଥିଲା ମୂକ। ଦୁଃଖରେ କି ପ୍ରତିଜ୍ଞାରେ
ଏକାନ୍ତ ଧବଳ ଶାଢ଼ି ପିନ୍ଧି
ସମସ୍ତଙ୍କ ମାଆ ପରି ଦେଖାଯାଉଥିବା ଏକ ଦୁର୍ବଳ ସ୍ତ୍ରୀଲୋକ
ହଳଦିଆ ଖରାପରି କାନ୍ଦୁଥିଲେ ସାମ୍ନା ପଡ଼ିଆରେ

କଠୋର ପବନ କିନ୍ତୁ ଦେଖୁ ଦେଖୁ ଅନ୍ୟ ବାରନ୍ଦାରେ
ସେ ନର୍ସର ସାଦା ଜଙ୍ଘ ସାଦା ପୋଷାକରେ
ଯନ୍ତ୍ରଣା ନ ଥିଲା ମୋଟେ। ଟିକିଏ ପୁରୁଣା ରକ୍ତ
ଯାହା ଖାଲି ବସି ଯାଇଥିଲା
କଳା ପ୍ରଜାପତି ପରି ତା ଛାତିର ଧଳା ବୋତାମରେ

ପୁରୀ

ଏକ

ପୁରୀ ଓ ସମସ୍ତ ପରେ ତୀବ୍ର ଦୁଇ ମହୀୟସୀ ତୋଳା
ଯୋଜନେ ଝାଉଁର ଜଙ୍ଘ ସମୁଦ୍ରର ସ୍ୱେଦରେ ପଖଳା

ଦୁଇ

ଭାବିଥିଲି ଆଣିଥାନ୍ତି ମୁଁ ତୁମକୁ ସାଙ୍ଗରେ ଅଥଚ
ତମେ ତ ବନାଇପାର ଚମତ୍କାର କଥାର ବାହାନା
(ଯେ ତୁମେ ନିହାତି ବ୍ୟସ୍ତ, ଘର ସାରା ଭର୍ତ୍ତି ଘରେ ଲୋକ
ଯେ ତୁମେ ନିଦକ ନୁହଁ, ପରୀକ୍ଷାର ଫଳ ସନ୍ନିକଟ
ଯେ ତୁମର ଭାଇମାନେ କରୁଛନ୍ତି କଠିନ ସନ୍ଦେହ
ତୁମେ ମଧ୍ୟ ଯାଇପାର କିଛିଦିନ କେଉଁଝର ଆଡ଼େ)
ସେ ହେତୁ ତୁମର କଥା ନୁହେଁ ମାତ୍ର ରତିଏ ସମ୍ଭବ
ଏବଂ ମୁଁ ଆସିଲି ଏକା ରହିଗଲା ବହୁକଥା ଅଧା
ଆଉ ତ ସମ୍ଭବ ନୁହେଁ ରିକ୍ସା କରି ମନ୍ଦିରକୁ ଯିବା
ତୁମକୁ ସମ୍ବଳ କରି ଶାମୁକାରେ ଘର ବନାଇବା

ହେ ପ୍ରଭୁ, ହୁଏତ ତୁମେ ପୁରୀ ଆସି ପ୍ରଥମ ଦିନରେ
ଦୁଇ ଅସମ୍ପୂର୍ଣ୍ଣ ହାତେ ସୃଷ୍ଟି କଲ ଅସମ୍ପୂର୍ଣ୍ଣ ପ୍ରେମ
ଦ୍ୱିତୀୟରେ ତୀବ୍ର ଘୃଣା, ଓ ସନ୍ଦେହ ତୃତୀୟ ଦିନରେ
କି ଅଦ୍‌ଭୁତ ଯୋଗସୂତ୍ର ଓ ସମାନୁପାତିକ ବଣ୍ଟନ

ତିନି

ମୁଁ ଏକାକୀ ଚାଲି ଚାଲି ମେମ୍‌ଙ୍କର କୋଠିସବୁ ଟପି
ଚୁପ୍‌ଚାପ୍ ଓହ୍ଲାଇଲି ଖରା ପରି ସମୁଦ୍ର କୂଳରେ
ସାଧବ ଯୁବତୀମାନେ ସେତେବେଳେ ଅତି ପ୍ରମୋଦରେ
ଶିଖୁଥିଲେ ସ୍ନାନସୂତ୍ର ଓ ଜଳର ସଙ୍ଗମେ କିପରି
ପ୍ରଥମେ ଭିଜଇ ଜଙ୍ଘ, ତାହାପରେ ନାଭି ଏବଂ ସ୍ତନ
ତା'ପରେ ସମସ୍ତ ଦେହ ହୁଏ ଏକ କୁଣ୍ଠିତ ମିଶାଣ
ଚିକ୍ ଚିକ୍ ଚାମୁଚ୍ ପରିକା ସେମାନଙ୍କ କଥାର ଦୋହରା
ଫିଙ୍ଗି ହୋଇ କରୁଥିଲା ଅଯଥାରେ ଖଣ୍ଡିଆ ଖାବରା
ଓ ଏକ ଅଦ୍‌ଭୁତ କ୍ଷତି, ହୁଏ ନାହିଁ ଯା'ର ପଲସ୍ତରା

ମୁଁ କହିଲି ସମୁଦ୍ରକୁ (ଯାହା ବହୁ ଉଜ୍ଜ୍ୱଳ ଲୁହର
କ୍ଷେତ୍ରଫଳ ପରି ଜଳେ) 'ହେ ସମୁଦ୍ର, କେଉଁପରି ତୁମେ
ନୋଳିଆଙ୍କ ଶାମୁକାର ଟୋପି ସାଙ୍ଗେ କିଛି ବଞ୍ଚିବାର ଶୋକ
ସାଙ୍ଗେ ଯୋଡ଼ି ସାୟା ଏବଂ ଯୁବତୀଙ୍କ ନିଭୃତ ପୋଷାକ
ବାଘଭଳି ଗିଳ। ଓ ତା'ପରେ ଭାଙ୍ଗିଯାଅ ଦୁରନ୍ତ ଆକ୍ରୋଶେ
ଲକ୍ଷେ ନୀଳ ବୁନ୍ଦା ପରି ଭାଙ୍ଗିବାର ଅପୂର୍ବ ସାହସେ'

ସମୁଦ୍ର ସ୍ୱୀକାର କଲା 'ଓଲୁ ତମେ ମସ୍ତବଡ ଓଲୁ
କହୁଚ ଅଜବ୍ କଥା, ସତେ ତୁମେ ବଞ୍ଚିଚ଼ କିପରି
ଯଦି ତୁମେ ଶିଖି ନାହଁ ଭାଙ୍ଗିବାକୁ ଯୋଡ଼ିବା ନିମିତ୍ତ'
(ଓ ତା'ପରେ ଢେଉର ଓଟରେ ଚାଲିଗଲା ଦୂରକୁ ଆହୁରି)

ଚାରି

ହେ ପ୍ରଭୁ, ସମସ୍ତ ହେବି, ମୂକ ଏବଂ ବାଚାଳ ବି ହେବି
ଚାଲିବି ନିଆଁର ଦାଢ଼େ, ପଙ୍ଗୁ ହୋଇ ଲଙ୍ଘିଯିବି ଗିରି
ହେବି ପଛେ ସ୍କୁଲ ମାଷ୍ଟ୍ର ବ୍ଲାକ୍‌ବୋର୍ଡ ଗ୍ରାଫ୍‌ର କବିତା
ଦୀର୍ଘ ଚୌତିରିଶ୍ ବର୍ଷ ରଷ୍ଟର ଓ ଉପସ୍ଥାନ ଖାତା
ଗଜ ବା ମୃଗୁଣୀ ପରି ମୁଁ ବାଜିବି ଝାଞ୍ଜ ହୋଇ ରାତି ତିନିଟାରେ
ମୁଁ ପଛେ ପଶିବି ପ୍ରଭୁ ପଦ୍ମବନେ ଅବା ହୁତାଶନେ

ତୁମେ ପଛେ ନୀଳଶୈଳ ଘୁମୁରିବ କ୍ରୁଦ୍ଧ ହସ୍ତୀ ହୋଇ
ତୁମେ ପଛେ ପଠାଇବ ଚକ୍ର ଏକ ନକ୍ର ପାଇଁ, ହୋଇ ପ୍ରଭଞ୍ଜନ
ମୋ ଆରକ୍ତ ନଳିନୀ ବନକୁ ମତ୍ତ ହୋଇ କରିବ ଦଳନ

ହେ ପ୍ରଭୁ, ସମସ୍ତ ହେବି, ହେବି ନାଇଁ ମାତ୍ର ତାଙ୍କ ପରି
ପ୍ରଭୁ ମୋର କରନା ଗୋ କୁଟା ପରି ସରୁ ହାତ ଗୋଡ଼
ବିଶ୍ୱାସ ଓ ପ୍ରେମ ମୋର ହଳଦିଆ ବର୍ଣ୍ଣର ପଦାର୍ଥ
ପରି ଗୋ ନ ଲାଗିରହୁ ଦାନ୍ତରେ ମୋ। ଏବଂ ମୁଁ ଅଧମ
ଅଛପା କାଗଜ ପରି କର ନାହିଁ ମତେ ଧଳା ଅକ୍ଷର ବିହୀନ

ପୁରୀରୁ କଟକ ମାତ୍ର ପଚାଶ୍ ଓ କେତେଟା ମାଇଲ୍
ପ୍ରଭୁ ମୁଁ ନିହାତି ଏକା, କଟକରେ ଜଳିଉଠେ ବ୍ରହ୍ମ
ପ୍ରଭୁ ଆଉ କେତେଦିନ ମୁଁ ଏଠାରେ ଶୁକପକ୍ଷୀ ହୋଇ
ସୁନାର ଜଞ୍ଜିର ପିନ୍ଧି ଗାଇବି ଗୋ ନିତି ତ୍ରାହି ତ୍ରାହି

ଜ୍ୟୋତ୍ସ୍ନା ଆଣେ ପ୍ରଜାପତି

ଜ୍ୟୋତ୍ସ୍ନା ଆଣେ ପ୍ରଜାପତି
ବଂଶୀ ଆଣେ ମାୟା
ନୟନ ଆଣେ ଦର୍ପଣ ଗୋ
ଭ୍ରୂଲତା ଆଣେ ଛାୟା

ତୁମେ କି'ବା ଆଣିପାର ଦୁଃଖ ଛଡ଼ା
ତୁମ ମଳିନ ହାତେ କଳଙ୍କର ବଉଳମାଳା

ବେପଥୁ ଆଣେ ବନଲତା
ଲୋତକ ଆଣେ ପ୍ରେମ
କ୍ଳାନ୍ତି ଆଣେ ଶିଶିର ପାତ
ମରଣ ଆଣେ ଶ୍ୟାମ

ତୁମେ କି'ବା ଆଣିପାର ଦୁଃଖ ଛଡ଼ା
ତୁମ ମଳିନ ହାତେ କଳଙ୍କର ବଉଳମାଳା

ଚାତକ ଆଣେ ମେଘର ଚିଠି
ଶ୍ରାବଣ ଆଣେ ନଦୀ
ଫଗୁଣ ଆଣେ ବନ୍ଦିଶାଳା
ସମୟ ଆଣେ ସ୍ମୃତି

ତୁମେ କି'ବା ଆଣିପାର ଦୁଃଖ ଛଡ଼ା
ତୁମ ମଳିନ ହାତେ କଳଙ୍କର ବଉଳମାଳା

ଖରାଦିନ

ଏକ

ଦ୍ୱିପ୍ରହର ଝଲସି ଉଠେ । ଖରା ତା'ର ନିଆଁ ପାହୁଲରେ
ରାସ୍ତା କରେ ଖଣ୍ଡ ଖଣ୍ଡ । ଗମ୍ ଗମ୍ ଦୋକାନ ବଜାର
ଗଛ ଓ ପତ୍ରଙ୍କ ଆଡ୍‌ଡା ଟପି ଏକ ଅସ୍ପଷ୍ଟ ଯନ୍ତ୍ରଣା
ଧୂଆଁ ପରି ଘେରିଯାଏ ମସ୍‌ଜିଦ୍, ରେସ୍ତୋରାଁ ଓ ଘର

କି ଲାଭ ଏଠାରେ ବସି ଝର୍କା ଖୋଲି ଝର୍କା ବନ୍ଦ କରି
ଏଣୁ ତେଣୁ ଗାର ଟାଣି । ଦୁଃଖଙ୍କର ସଂଜ୍ଞା ଓ ଗଣିତ
ଏମିତି କସ୍ମିନ୍ କାଳେ ଲେଖି ହୁଏ ?
ଦେଖ ଯା'ର ଥିଲା ଆସିବାର
ସକାଳର ଷ୍ଟେସନରୁ, ବଜାରରେ ହେଲା ଦ୍ୱିପ୍ରହର

ଆଉ କି ତାହାକୁ କେବେ ଖୋଜିହେବ
ପେଟ୍ରୋଲରୁ ପରିବା ଚୋପାରୁ
ମଟରର ଲିଭରରୁ, ସନ୍ତ୍ରାସ ଓ ଘୋଡ଼ାର ଖୋଜରୁ
ଜୋତା ହେବ ଖଣ୍ଡ ଖଣ୍ଡ, କାମିଜରୁ ଛିଣ୍ଡିଯିବ ଧଡ଼ି
ତଥାପି କେଉଁଠି ସିଏ, ଯିଏ ଗଲା ଦ୍ୱିପ୍ରହର ହୋଇ
ସଂଧ୍ୟାରେ ଆସିବ ଖାଲି କିଂକର୍ତ୍ତବ୍ୟବିମୂଢ଼ କୁହୁଡ଼ି

ଆଜି ଖାଲି ମନେପଡ଼େ ନିଷ୍କରୁଣ ରାସ୍ତା ସକଳଂକୁ
ଯେ ରାସ୍ତା ଫେରିବେ କହି ଧାଇଁଗଲେ ଅପନ୍ତରା ଦାଢ଼େ
ଆଜି ଖାଲି ଇଚ୍ଛା ହୁଏ ମରାମତି କରୁ କରୁ ଜୋତା
କେନା କେନା କରି ହେଲେ ଭିଣନ୍ତି ମୋ ନୂଆ କାମିଜକୁ

ଦୁଇ

ବିରକ୍ତିରୁ ବିକ୍ଷୋଭକୁ ରାସ୍ତା ନୁହେଁ ଲମ୍ବା ଓ ଇନ୍ଦ୍ରିୟ
ମାନଙ୍କର ଦିକ୍‌ଦାର ଓ ଅକଥ୍ୟ ସହନଶୀଳତା
ସତ୍ତ୍ୱେ ଯାହା ବାକି ରହେ
ତାହା ଏକ ଫିକା ସ୍ତ୍ରୀଲୋକର
ହଳଦିଆ ମଟରରେ ଯିଏ ଖାଲି ଆସି ଚାଲିଯାଏ

ତେଣୁ ତାକୁ ଲାଭ କ'ଣ ଉଖୁରାଇ ? ଗ୍ଲାନି ଓ ରୁଧିର
ଏ ତ ମୋର ଅଭିଜ୍ଞତା, ଏ ତ ମୋର ଶ୍ୱେତ ଅଥର୍ବତା
କେତେ କଥା ମନେପଡ଼େ ଝର୍କା ଖୋଲି ଚାହିଁଲେ ରାସ୍ତାକୁ
ପାହାଡ଼ ଓ ଘାଟି ରାସ୍ତା, ଭୁତିଆରି ମହୁଲ ବଗିଚା
କା'ଲାଗି କାନ୍ଦଣା ଏତେ ହା ହୁତାଶ ଆଖି ଭର୍ତ୍ତି ଲୁହ
ସେ ତ ପୁଣି ଚାଲିଗଲା, ପାଦ ସାରା ସ୍ମୃତିର ଘୁଂଗୁର
ସେ ତ ପୁଣି ଶୁଣୁଥିବ, ସେ ତ ପୁଣି ସହୁଥିବ ତାକୁ
ସେ ତ ପୁଣି ରାଜିଥିଲା ଯିବାପାଇଁ ମୋ ସାଙ୍ଗେ ନର୍କକୁ

ତିନି

ଆରେ ଏଠି କିଏ ଅଛ, ଆଣ ମୋର ଡୋରିଆ କାମିଜ୍
ଟେବୁଲ୍‌ରୁ ନେଇ ଯାଅ ମୋ କୁଣ୍ଠା ମୋ କ୍ଲାନ୍ତ କୈଫିୟତ୍
ମୁଁ ଓଲୁ ରାସ୍ତାକୁ ଯାଏ, ହଂସ ପରି ପରିଷ୍କାର ଖରା
(ଏଠି ବି ସେ ହଜିଗଲା, ଏଠି ବି ସେ ପଡ଼ିଲାନି ଧରା)

ମୁଁ ଗଛକୁ ପଚାରିବି, ହେ ଗଛ ହେ କ୍ରୂର ହେ ବିଷଣ୍ଣ
କେଉଁ ଅକଳରେ ତମେ ଛିଣ୍ଡାଇଲ ପତ୍ରଙ୍କୁ ଡେମ୍ଫରୁ

ଫେରାର୍ ପତ୍ରଙ୍କୁ କିଏ ବଂଚାଇବ ହିଂସ୍ର ଦ୍ୱିପ୍ରହରୁ
(ଅବଶ୍ୟ ଗଛର ଦୋଷ କିଏ ଦେବ, ଯେ ଅଦୃଶ୍ୟ ହାତ
ଡେମ୍ଫରେ ଯୋଡ଼ଇ ପତ୍ର ସେଇ ପୁଣି ହୁଗାଳେ ଡେମ୍ଫରୁ)

ମୁଁ ଓଲୁ ରାସ୍ତାକୁ ଯାଏ। ଅପନ୍ତରା ବିଦୀର୍ଣ୍ଣ ଗୋଚର
ଚରୁଥିବା ବାଛୁରୀକୁ ପଚାରିବି ଧନ ମୋର, ଏଠି ଏକୁଟିଆ
କ'ଣ ଖାଉଚୁ ଖୁଣ୍ଟି, ନିଆଁ ରଡ଼ ଚୁଲି ନା ପାଉଁଶ
ଗୁହାଳକୁ ଫେରି ଚାଲ, ଫେରି ଚାଲ, ଛତାର ଛାଇକୁ
ଦ୍ୱିପ୍ରହର ଫୁଟାଉଚି ବିଲେ ବିଲେ ଉଜ୍ଜ୍ୱଳ ଗଇଶ

ବଜାରରେ ଫାଟିପଡ଼େ କଥାବାର୍ତ୍ତା ଭଜାଖଇ ପରି
ଦ୍ୱିପ୍ରହର ଝାମ୍ପ ମାରେ, ଚକ୍ରି ଖାଏ, ଚାଳ ପରେ ଶୁଖି ଯାଏ ଜହ୍ନି
(ଅସହ୍ୟ ଅସହ୍ୟ, ଆହା ଯାନ୍ତି ହେଲେ ଏହି କ୍ଷଣି ମରି)
ଏଇଠି ଯେ ଚାଲିଗଲା, କେହି ତାକୁ ପାରିଲନି ଚିହ୍ନି

ଚାରି

ସୂର୍ଯ୍ୟଙ୍କୁ ମୁଁ ପଚାରିବି, ହେ ଆଦିତ୍ୟ, ହେ ମୋର ରୁଧିର
ତୁମ ଆବିର୍ଭାବେ ଲିଭେ ଦୁଃଖଙ୍କର ସକଳ ଅସ୍ତିତ୍ୱ
କିନ୍ତୁ ତୁମେ ତାଙ୍କ ଲାଗି କରିଚ କି ବନ୍ଦୋବସ୍ତ ପ୍ରଭୁ
ଯାହାଙ୍କର ଦୁଃଖ ଆଗେ ବାଷ୍ପୀଭୂତ ଅସ୍ତିତ୍ୱ ତୁମର

ମହୁମାଛି

ବେବି, ଦେଖ୍ କେତେ ମହୁମାଛି ତୋ'ର ଫ୍ରକ୍ ସାରା
ଦେହ ତଳେ,
କି ଏକ ଉଜ୍ଜ୍ୱଳ ଦସ୍ୟୁ ଛିଡ଼ା ତୋର ଅନ୍ଧକାରେ

ଏଥର ତା'ହେଲେ ବେବି
କଟକର ସବୁ କୋଠା ରଙ୍ଗ ହେବ ଆଉ ଥରେ
ତୁ ଦିନ ଦଶଟା ପରେ, ସ୍କୁଲ ଗଲା ବେଳେ
ଟ୍ରାଫିକ୍ ଦୁର୍ଘଟଣା ହେବ ବେଶି
ତୋ' ଫ୍ରକ୍ ସିଉଁ ସିଉଁ ଥରିବ ଦର୍ଜୀର ହାତ
ଏଥର ତା'ହେଲେ ଏପ୍ରିଲ୍ ଆସିବ ଦୁଇଥର ବର୍ଷକରେ

ଓ ରବିବାର ହେବ ସାତଦିନ ସାରା
ବେବି, ଦେଖ୍ କେତେ ମହୁମାଛି
ତୋ'ର ଫ୍ରକ୍ ତଳେ । ମଧ୍ୟାହ୍ନରେ ମିଶିଯିବ ରକ୍ତ
ପ୍ରାର୍ଥନା ଓ ଚରିତ୍ରହୀନତା ମଧ୍ୟେ ବହିଯିବ କାଠଯୋଡ଼ି
ନିରୀହ ସ୍ୱପ୍ନରେ, କରୁଣ ଦେବତା ଏକ ଉଭାହେବେ
ଶୃଙ୍ଗ ପରି ଉଜ୍ଜ୍ୱଳ ରଥରେ

ଏଥର ତା'ହେଲେ ବେବୀ, ନୂଆ ବଜେଟ୍‌ରେ
ବିକ୍ରିକର ଉଠିଯିବ ଚକୋଲେଟ କବିତା ବହିରୁ
ପଡ଼ୋଶୀ ଈର୍ଷୁକା ହେବ, ମାଆ ହେବ ଶତ୍ରୁ ସବୁଠାରୁ
ତୁ ଏଥର ରାସ୍ତାର ସ୍ମୃତିକୁ ଲୋହିତ ଆପେଲ୍ ପରି ଲୁଚାଇବୁ
ଆଲ୍‌ମିରାରେ । ଖରାଦେବ କ୍ଲାନ୍ତି
ବର୍ଷା ଧୋଇ ଦେବ ନୂତନ ଦୁଃଖରେ

ଏଥର ତା'ହେଲେ ବେବୀ, ଅନୁଗତ ପ୍ରଜାମାନେ ତୋର
ତୋଅରି ରାଜତ୍ୱ ଲାଗି ଠୁଳ ହେବେ କିଲାପଡ଼ିଆରେ
ତୁ ସ୍କୁଲ ପୋଷାକ ପିନ୍ଧି ବସିବୁ ସେ ସିଂହାସନ ପରେ
ତୋ କେଶରେ ଜରି କାଗଜର ମୁକୁଟ ପାଇବ ଶୋଭା
ତତେ ଫୁଲ କିଣି ଦେବା ପାଇଁ
ସାଢ଼େ ତିନି ମାସ ଧରି ଯୁଦ୍ଧ ହେବ କଟକ ସହରେ

ବେବୀ, ଆଉ ଖେଳନା କି ହେବ
ଆଣିଦେବି ରକ୍ତର କଣ୍ଢେଇ
ତୋ' ଖେଳନା ବାକ୍ସ ଛାଡ଼ି ଫେରିଯାଉ ଜାପାନୀ ବାଳିକା
ଓ ଅପରାହ୍ଣର ଘୃଣା ଜାଳି ଦେଉ ବେଲୁନ୍‌ବାଲାକୁ
ଏଥର ତ, ତୋ ନୀରବ ରକ୍ତ ମୁହଁ ଧୋଇ ଦେବ କ୍ଲାନ୍ତ ପବନର
ନିରୀହ ପାପରେ ତୋ'ର ପୂର୍ଣ୍ଣ ହେବ ନିରାପଦ ଘର

ବେବି, ଦେଖ୍ କେତେ ମହୁମାଛି, ତୋ'ର ଫ୍ରକ୍‌ସାରା
ଦେହ ତଳେ
କି ଏକ ଉଜ୍ଜ୍ୱଳ ଦସ୍ୟୁ ଛିଡ଼ା ତୋ'ର ଅନ୍ଧକାରେ

ମିଳିତ ମୃତ୍ୟୁ

ବୋଉ

ବୋଉ ହାତ ପରେ ଖରା ପଡ଼ିଅଛି
ବୋଉ ହାତକୁ ଛିଞ୍ଚାଡ଼ି
ପାଣି ମାଠିଆ ଉପରୁ ତଡୁଅଛି ଅଦୃଶ୍ୟ କାଉକୁ
ଦିନ ମହଳନ ଖରା ପଡ଼ିଅଛି
ପାଣିଫଟା ଚାରିଟା ବେଳର
ବୋଉ ସଦ୍ୟ ଭାତ ଖାଇ
ଖଡ଼ିକା କାଠିରେ ଦାନ୍ତ ଖୁଣ୍ଟୁ ଖୁଣ୍ଟୁ
ପଚିଶ ବରଷ ହେଲା ପବନର ଲଜ୍ଜିତ ହାତକୁ
ସ୍ୱଚ୍ଛନ୍ଦେ ଦେଉଚି ଟେକି
ଯୌବନ ଅଭୀଷ୍ଟ ବିଧି ମୋହ ଅଧିକାର

ପାଣି ମାଠିଆରେ ଗଡ଼ ଗଡ଼ ଗଡ଼
ବାଲିଗରଡ଼ା ପଡୁଚି ଅବିଶ୍ରାନ୍ତ
ପାଣି ମାତ୍ରା ବଢୁ ନାହିଁ, ଅଣ୍ଟା ବେଣ୍ଟ କିଛି ଦିଶୁ ନାହିଁ
କେଉଁ ମାୟାବୀ କାଉର
ଖାଲି ବୋଉ ହାତ ହଲୁଅଛି
ଏକୁଟିଆ ଡାଳପରି କାଳ କାଳାନ୍ତର
ସ୍ୱାମୀ ପୁତ୍ର ସ୍ୱଦେଶର ପ୍ରତାରିତ ଅନୁଭବ ପାଇଁ

ଅନ୍ଧକାର ଘର

ଅନ୍ଧକାର ଘର ପରି ଆଜି ହୃଦୟ ତାହାର । ଅବା
ତା' ହୃଦୟ ପରି ମଳିନ ଓ ପ୍ରାୟ ଅନ୍ଧକାର ଏହି ଘର
ଯାହାର କୌଣସି କୋଣେ, ଏକ ମନୋରମ ସନ୍ଧ୍ୟା
କାନ୍ଦୁ ଅଛି ଭୂଲୁଣ୍ଠିତା ନବବଧୂ ପରି । ଓ ଏକ ଅନିୟମିତ ସୂର୍ଯ୍ୟ
ତାକୁ କେବେ କରେ କୋଳାଗ୍ରତ, କେବେ ଯାଏ କାମୁଡ଼ି ବିଦାରି

ଏହି ଅନ୍ଧକାର ଘରେ, ସେ ଜାଣେ ସେ ନୁହେଁ ଏକା
ତା ସଦୃଶ୍ୟ ଶୋଇଅଛି ଆଉଜଣେ କାଳକାଳାନ୍ତର
ଏ ଅନ୍ଧାର ପରି ଅନ୍ଧକାରେ
ଆଖି ତା'ର ଶବ୍ଦ ପରି ଦୃଶ୍ୟହୀନ
ସ୍ଥିର ଚିତ୍ର ସମାନ ବଧୀର ତା'ର କାନ
ସେମାନଙ୍କ ସମ୍ମିଳିତ ଅନୁତାପେ ଜଳି ଯାଏ
ଶବ୍ଦ ଓ ପ୍ରତିଷ୍ଠା । ଜଳିଗଲେ,
ଏକାକୀ ମୟୂର ପରି ତା' ମହାର୍ଘ ଦୁଃଖ ଘୂରି ବୁଲେ

ତା' ବୟସ ପଇଁତ୍ରିଶ । ସ୍ୱାସ୍ଥ୍ୟ ସାଧାରଣ
ଯଦିଓ ସେ ଘୃଣାକରେ ଚାଲି ଚାଲି ଅଫିସ୍ ଯିବାକୁ
ତାହା ନୁହେଁ ଯଥେଷ୍ଟ କାରଣ
ତା'ର ଶୋଇବାକୁ ଏହିପରି, ହୃଦୟର ମୁହଁ ଅନ୍ଧାରରେ
ଅନ୍ଧାରର କଳାଶେଯେ । ଆଖ ପାଖ ଖେଳ ପଡ଼ିଆରେ
ଖେଳାଳି ପିଲାଙ୍କ ପାଟି, କବାଟରେ କରାଘାତ,
ଅମଳିନ କୁସୁମ କୋରକ, କେହି ତା'କୁ କରେ ନାହିଁ ଖୁସି
ତା'କୁ ଖଣ୍ଡେ ବହି ପଢ଼ିବାକୁ ପ୍ରାୟ ତିନିମାସ ଲାଗେ ଆଜିକାଲି
ରମଣୀ ସଙ୍ଗମେ ତା'ର କ୍ଳାନ୍ତିରୁ ବିରକ୍ତି ଆସେ ବେଶି

ଦେବଦାସ ଛୋଟରାୟ ୧୨୨

ଖାଲି ସେହି ରମଣୀୟ ସନ୍ଧ୍ୟା, ଯାହା ତେଲ ଚିକ୍‌ଟା ସମ୍ଭାବନା ପରି
ପଡ଼ିଥାଏ ଘର କୋଣେ, ଦରପୋଡ଼ା ସୂର୍ଯ୍ୟ ଏକ ଯାକୁ
କେବେ କରେ କୁତୁକୁତୁ କେବେ ଯାଏ ଆମ୍ପୁଡ଼ି ବିଦାରି
ସେ ସନ୍ଧ୍ୟାର କାନ୍ଦ କାନ୍ଦ ମୁହଁ ସତେ ଯୋଡ଼ି ଦିଏ ସର୍ବଦା ତାହାକୁ
ଏକ ସାନ୍ଧ୍ୟୋତ୍ସବ ସାଙ୍ଗେ, ଯେଉଁଥିରେ
କେହି କେହି ଗୀତ ଗାନ୍ତି ସତ, ହେଲେ ପ୍ରତ୍ୟେକ ଗୀତର ପିଠିଆଡ଼େ
ପୃଥିବୀକୁ ଆଢୁଆଳ କରି ଏକ ଦାରୁଣ ବିଷଣ୍ଣ ଖରାପଡ଼େ
ଓ ତା'ର ଗୋଲାପୀ ତାପେ ପୋଡ଼ିଯାଏ ପଡ଼ୋଶୀ ଝିଅଙ୍କ
ସଢ଼େଇ ଓ କୁଟାରେ ତିଆରି ଅବୟବ

ତଥାପି ସେ ଶୋଇଥାଏ, କଳାହଂସ ପରି ଅନ୍ଧକାର
ଆର୍ତ୍ତନାଦେ ଭରି ଦିଏ ତା' ଦେହର ରକ୍ତ ସରସର ନଦୀକୂଳ
ଓ ଏକ ନିଭୃତ ସୁଖେ ପୂର୍ଣ୍ଣ ହୁଏ ମନୋବାଞ୍ଛା ତା'ର

ରବିବାର

ଥରେ ରବିବାର ହେଲେ ନିରୀହ ବାଳିକା, ସବୁକିଛି
ଆଣି ଦେବି ତୁମ ପାଇଁ। ଆଖିପରି ଚମତ୍କାର ଫୁଲ
ଫୁଲ ପରି ପବିତ୍ର ରକ୍ତର ଟୋପା। ସବୁକିଛି ଆଣି ଦେବି
କଟକର କ୍ଳାନ୍ତ ଅନ୍ୟମନସ୍କ ସୂର୍ଯ୍ୟାସ୍ତ, ବକ୍ସିବଜାରରୁ
ନେବି ଚୋରି କରି। ବୋଉଠାରୁ ମାଗିନେବି ଆୟୁଷ
ଓ ସାନଭଉଣୀର ଦୁଇଟି ନିଷ୍ପାପ ହାତ କାଟି ନେବି
ଅଜ୍ଞାତରେ। ପ୍ରିୟତମା, ତୁମରି ଉଦର ଭରି ଦେବି

ଫୁଲ ନେବି, ରକ୍ତ ନେବି, ସୂର୍ଯ୍ୟ ନେବି ନିରୀହ ବାଳିକା
ଖାଲିଥରେ ରବିବାର ହେଲେ। କିନ୍ତୁ, ଆହା
ରବିବାର ହେବ ନାହିଁ କେବେ ହେଲେ, ଯେ ପର୍ଯ୍ୟନ୍ତ
ତମେ ନ ଆସିଚ। ହଳେ ଛିଣ୍ଡା ଜୋତା ପିନ୍ଧି
ପରିଶ୍ରମୀ ସମୟ ଦେବତା ନିଦ୍ରା ଯିବେ ଶନିବାର ଦିନ
ରବିବାର ହେବ ନାହିଁ କେବେହେଲେ
ଯେ ପର୍ଯ୍ୟନ୍ତ ତମେ ନ କରିଚ, ପୃଥିବୀର ସବୁଠାରୁ
ନିରୀହ ପାପକୁ ନଗ୍ନ ହୋଇ ମୋ କତିରେ, ରୁଦ୍ଧକୋଠରିରେ

ଅସମୟ

ମୁଁ ଖୋଜୁଚି ଉଦ୍ୟାନରେ, ସ୍ୱପ୍ନ ସାରା, ଗୀତ ଗାଇ ଗାଇ
କେଉଁ ଚିତ୍ତଚୋରା ଫୁଲେ ମଣ୍ଡିହେବ ଅସମୟ ମୋର
କେଉଁ ଫୁଲ ସମ୍ଭାରରେ ସଜାଇବି ତା'ର ବେଣୀ ଦୁଇ
ତା' ସୁରମ୍ୟ ଶବାଧାର। ଏକ ମୌନ ଅପମୃତ୍ୟୁ
ସଢୁଅଛି ମୋ ସ୍ୱପ୍ନର ତିରସ୍କୃତ କୁସୁମଲତାରେ
ମୋ ମସୃଣ ଦୁଃଖବୋଧେ ଓ ଅନ୍ୟାନ୍ୟ ଦୈନନ୍ଦିନତାରେ

କେତେ ପ୍ରେମ ଥିଲା ଦିନେ? ସେତେବେଳେ ପ୍ରାୟ ପ୍ରତିଦିନ
ତା'ର ମୁଲାଏମ୍ ଦେହ ଜିଦ୍‌ଖୋର ଦେହକୁ ମୋହର
କହୁଥିଲା କେତେ ଗଳ୍ପ। ପ୍ରେମ ଥିଲା ଭାଷାର ବିସ୍ମୟେ
ସୁଚତୁର କୋଳାହଳେ, ଓ ହଜାରେ ତୁଚ୍ଛା ଚାଲାଖିରେ
ତା' ଯାଚିବା ଆଲିଙ୍ଗନ ହଜିଗଲା ବଜାର ଭିତରେ
ଆଜି ତା ସ୍ୱପ୍ନର ଜିଭ କଟା
ଆଜି ଇତର ଭାଷାର ନାହିଁ ଆଶ୍ୱାସନା
ତା' ରକ୍ତାକ୍ତ ସ୍ୱପ୍ନ ମରେ ମୋ ହେମାଳ ସ୍ୱପ୍ନର ଭିତରେ
ଯଦିଓ ତା'ଶବାଧାର ବାଙ୍ମୟ ମୋ ଉପଢୌକନରେ

ଶିର୍ ଶିର୍ ଦୁଃସ୍ୱପ୍ନର ଏ ଅବ୍ୟକ୍ତ ଯନ୍ତ୍ରଣା ଉହାଡୁ
ସାଗୁଆ ସାଇକ୍ଲ ଚଢ଼ି ଡାକବାଲା ଆସେ ହସି ହସି
ଛବିଳ ମେଘର କୋଳୁ ପ୍ରତିଦିନ ସାଢ଼େ ନ'ଟାରେ
ଡାକବାଲା ଆସେ ମତେ ଦେବାପାଇଁ ମୃତ୍ୟୁର ଖବର
ମୃତ୍ୟୁ ସୁବାସିତ ତା'ର ଉଲ୍ଲସିତ ହସରେ ମୋହର
ଓ ଏକ ସଂକ୍ଷିପ୍ତ ସୁଖ ଯା'ର ନାହିଁ ତୁଳନା କୌଣସି

ସେ ନ ମରି ଚାହିଁଅଛି ଝଲ୍‌ମଲ୍ ହିଂସ୍ର ସ୍ମୃତି ତଳୁ
ଛଦ୍ମବେଶୀ ଡାକବାଲା ପୁରସ୍କାର ନେଇଗଲା ପରେ
ତା'ଚାହାଣି ଡାକୁଅଛି ଖରାବେଳେ ନିଷ୍ଠୁର ଗପକୁ
ଭଙ୍ଗାରୁଜା ହୃଦୟର ସୁରକ୍ଷିତ ଶ୍ମଶାନ ଭିତରେ

ଟିକିଏ ଅପେକ୍ଷା କର, କାଲି ସକାଳକୁ
ହୁଏତ ଲେଉଟି ଯିବ ଅସମୟ
ଆମେ ପୁଣି ବାହାରିବା ନିଃସହାୟ ସାନ୍ଧ୍ୟ ଭ୍ରମଣରେ
ଦୁଃଖୀ ହଂସ ପରି, ଏକ କଠୋର ସୂର୍ଯ୍ୟାସ୍ତେ
ଯାହାର ଅଧୈର୍ଯ୍ୟ କିନ୍ତୁ ବହୁମୂଲ୍ୟ ରଙ୍ଗିନ୍ କ୍ରୋଧରେ
ଶରୀର ଦିଶିବ ତୁମ ବିଚିତ୍ର ଓ ଉଚ୍ଚାକାଂକ୍ଷାମୟ

ମୁଁ ବି ମୋର ହୀନ ଚାଲାଖିକୁ, ଫିଙ୍ଗି ଦେବି ପବନକୁ
ଘରକୁ ଫେରିଲେ ମୋର କ୍ଷତ ତୁମେ ଉଷୁମ ପାଣିରେ
ପରିଷ୍କାର କରିଦେବ। ରାତି ସାରା ଶୁଆଇବ
କୋଳକରି ବୁଢ଼ା ହେଲା ଯାକେ
ଓ ତା'ପରେ ଟେକିଦେବ ସକାଳର ହାତ ପାଆନ୍ତାକୁ

ମଲ୍ଲିକା, ମଲ୍ଲିକା

ମଲ୍ଲିକା, ମଲ୍ଲିକା ତମେ ଯଦି ରାଜି ହୁଅ ଯିବା ପାଇଁ
ମିଳିତ ମରଣେ, ମୁଁ ଜୀବନ ଛାଡ଼ି ଦେବି
ଛାଡ଼ି ଦେବି ଲୋଭନୀୟ ରାଜତ୍ୱ ଓ ସୁଗନ୍ଧ ସନ୍ନ୍ୟାସ
ଏକତ୍ର ଗୋପନେ ଯିବା, ରାଜିହୁଅ
ସୁଡ଼ଙ୍ଗ ପୀଡ଼ିତ ଦୁର୍ଗ, ବନଭୂମି, କଲ୍ଲୋଳିନୀ ନଦୀ
ଟପିଯିବା ଅନାୟାସେ। ମାତୃ ଜଠରରୁ
ଯେଉଁ ପଥେ ଆସିଥିଲି ଶିଳ୍ପମୟ ତୁମରି ଶରୀରେ
ସେଇ ପଥେ ଏକମାତ୍ର ଅଟ୍ଟାକରି ହେବ ଅମରତ୍ୱ

ମଲ୍ଲିକା, ମଲ୍ଲିକା ରଙ୍ଗିନ୍ ରୁମାଲ ପରି ସୁମିଷ୍ଟ
ଉଦ୍ୟାନେ ତୁମେ ଖାଲି ଉଡ଼ିଜାଣ, ତୁମେ କି ଜାଣିଚ
ବିନା ଅତରରେ ସୁଦ୍ଧା ତୁମରି ଛାତିରେ କେତେ ବାସ୍ନା ହୁଏ
ସେଠି ମୁହଁ ଲୁଚାଇଲେ ପ୍ରତିହିଂସା ନଷ୍ଟ ହୁଏ
ନିହତ ଶୈଶବ ପୁଣି ଫେରିଆସେ। ତୁମରି ସ୍ୱେଦର
ଗନ୍ଧେ ଅନୂଢ଼ା ଅଶୋକ ହୁଏ ପୁଷ୍ପବତୀ
ତୁମେ କି ଜାଣିଚ ତୁମ କ୍ଷଣିକ ଅପାଙ୍ଗେ
ପାପିଷ୍ଠ ଘାତକ ହୁଏ ମନୋହର ମୁଗ୍ଧ ପ୍ରଜାପତି

ମଲ୍ଲିକା, ମଲ୍ଲିକା ତୁମେ ଆଶ୍ୱସନା ଦେଲେ
ମୁଁ ବିଶ୍ୱାସଘାତକତା କରିପାରେ ସାହିତ୍ୟର ସଙ୍ଗେ
ଚିରିପାରେ ସୁଠାମ ଶିଳ୍ପର ଦେହ, ଜ୍ୟୋସ୍ନାରେ ମିଶାଇପାରେ
ଆବର୍ଜନା। ପରିତ୍ୟାଗ କରିପାରେ ପ୍ରିୟ, ପରିଜନ, ପ୍ରାଣୀ
ଉଦ୍ଭିଦ ସକଳ। ତୁମକୁ ଛୁଇଁଲା ପରେ
ପାପ କାହିଁ, ପୁଣ୍ୟ କାହିଁ, ତୁମରି ଊରୁରେ
ମଲ୍ଲିକା, ମୁଁ ସ୍ୱର୍ଗଚ୍ୟୁତ ଅପଭ୍ରଷ୍ଟ ଦେବତା କେବଳ

କାପୁରୁଷ

ଛିଡ଼ାହେବି ଦୁଇହାତ ଭର୍ତ୍ତି କରି ପ୍ୟାଣ୍ଟ ପକେଟ୍‌ରେ
ଏପରି ସାହାସ କାହିଁ? ଥଣ୍ଡା ଏବଂ ପାଉଁଶିଆ ବର୍ଷା
ବର୍ଷୁଥାଉ। ଦିନ ତିନିଟାର ସୂର୍ଯ୍ୟ ଥରୁଥାଉ ହାଡ଼ ଭିତରରେ
ଫୁଲ ବଗିଚାରେ ଝରି ପଡୁଥାଉ ମେଲାପୀ ପାଖୁଡ଼ା
ସେ ଡାକିଲା ଟେଲିଫୋନ୍ କରି। ଏପରି ସାହସ କାହିଁ
ପହଞ୍ଚିବି କଥାମାନି ଏକୁଟିଆ ଠିକ୍ ସମୟରେ

ନିଦରୁ ଉଠିଲାପରେ ଲାଗେ ବଡ଼ ଏକା ଏକା
ଆଜିକାଲି। ଇଚ୍ଛାଥିଲା ଛୋଟ ଏକ ଆବିଷ୍କାର ଲାଗି
ଯାହାପରେ, ଯେକୌଣସି ଘରେ, ଯେକୌଣସି ସ୍ତ୍ରୀଲୋକ ପାଖରେ
ପୁଣି ରହି ହୋଇଥାନ୍ତା। ଧୀର ଏବଂ ବ୍ୟକ୍ତିଗତ ପ୍ରତୀକ୍ଷାରେ
ପୁଣି କଟି ଯାଇଥାନ୍ତା ଜୁନ୍ ମାସ। ଗଳ୍ପ ଶୁଣୁ ଶୁଣୁ
ପୁଣି ଜାଣି ହୋଇଥାନ୍ତା ପ୍ରତିକ୍ରିୟା। ଆଉ ବା ସାହସ କାହିଁ
ମନା କରି ଦେବା ପାଇଁ ହସି ହସି ଫେରିଗଲା ବେଳେ

ପୁଣି ତା ଦୁର୍ବଳ ଦେହ ମନେ ପଡ଼େ। ଚୌକିପରେ
ବସିଥିବା ସତ୍ତ୍ୱେ ସେ କିପରି ଥରୁଥାଏ। ଓ ତାହାର ଗୁଣୁ ଗୁଣୁ ଗୀତ
ମତେ ଉତ୍ତେଜିତ କରେ ବର୍ଷାଦିନେ। ବର୍ଷା ପରି ଥଣ୍ଡା ଆଉ ପାଉଁଶିଆ
ମୁହଁ ତା'ର ଓ ତା'ର ଭୟାଳୁ କଣ୍ଠରେ
ନିରୁତ୍ତାପ ଦିନ ତିନିଟାରେ, ତାକୁ ଡାକି ଶୋଇବାକୁ ଇଚ୍ଛାହୁଏ
ହଳଦିଆ କୁଟାବିଛଣାରେ। ଶୁଣୁ ଶୁଣୁ ତା'ର ନାହିଁ ନାହିଁ
ଅସୁମାରି ଲାଲ୍ ଫୁଲେ ତା' ହାତ ଆଞ୍ଜୁଳା ସାରା
ଇଚ୍ଛାହୁଏ ଭରିଦେବା ପାଇଁ
ଏପରି ସାହସ ଆଉ କାହିଁ?

ବୟସ

ବୟସ ବଢ଼ିଲେ, ଉଚ୍ଚ ଓ ବିସ୍ମୟକର କୋଠାଘର
ଛୋଟ ଦିଶେ । ପ୍ରତିଧ୍ୱନି ଫେରିଆସେ ନିକଟରୁ
ଅପ୍ରତିଭ ହୋଇ
ନା ସଫଳ ଲାଗେ, ନା ବିଫଳ ଲାଗେ

ନା ଆଉ ସ୍ୱପ୍ନରେ ଲାଲ୍ ବର୍ଷା ହୁଏନା
ଅନ୍ଧକାର ଶିଡ଼ିଘର ପାଖେ
ସମୟ ଏଥର ଖାଲି ଗୁପ୍ତଛୁରୀ ପରି
ଚାହିଁଥାଏ ପବନରେ ଆନ୍ଦୋଳିତ ଅଶକ୍ତ ଦେହକୁ

ନା ଅବହେଳିତା ନୁହେଁ ଆଉ ରାଜପଥର ବାଳିକା
ମୁଁ ବି ନୁହେଁ ରଣୀ ରାଜପୁତ୍ର କଟକର
ହାତଧରି ନେଇଯିବି ମଲ୍ଲିକାକୁ ସ୍ୱର୍ଗକୁ ନର୍କକୁ

ବୟସ ବଢ଼ିଲେ, ଝଲମଲ ଶୋକର ପୋଷାକ
ଆଉ ମାନେ ନାହିଁ, ଛୋଟ ଦିଶେ
ଇଚ୍ଛା ହୁଏ ଯେକୌଣସି କ୍ରୀତଦାସ ଡାକି
ଦେଇଯାନ୍ତି ଉତ୍ତରାଧିକାର । ବାଇଗିଣୀ ରଙ୍ଗର ମୁକୁଟ
ନିଦ ଓ ସୌଖୀନ ଦୁଃଖ, ନୀଳ ଅହଙ୍କାର

ପ୍ରତିଧ୍ୱନି ଫେରିଆସେ
ଭଲପାଇ ହୁଏ ନାହିଁ, ଘୃଣାକରି ହୁଏ ନାହିଁ
ନା ସଫଳ ଲାଗେ, ନା ବିଫଳ ଲାଗେ

ଭୟ

ଏ କେଉଁ ରାଜ୍ୟକୁ ମତେ ଆଣିଅଛ ? ଧଳାଡୋଳା ପରି
ନିରୁତ୍ତାପ ସୂର୍ଯ୍ୟ ଗୋଟେ ଝୁଲୁଅଛି ହାତ ପାଆନ୍ତାରେ
ବନିଶିରେ ଲାଗିଥିବା ମାଛ ପରି ଛଟ ଛଟ ହେଉଛି ପବନ
ରାସ୍ତା ସଜା ହୋଇଅଛି ବାଳକଙ୍କ
                    ମୁକୁଳା ଶବରେ
ଅତିଥି ଆସିବେ ବୋଲି ଦ୍ୱିପ୍ରହରେ
                    ନାଲି ମଟରରେ

ମୁଁ କେଉଁ ବେଶରେ ଏଠି ଶୋଇଅଛି ? ଧଳାକଇଁ ପରି
ଡଉଲିଆ ଢଙ୍କା ହୋଇ, ଆଖେ ପାଖେ ଫୁଟିଅଛି ତାରା
ତୁମ ମୁହଁ ବେଳେ ବେଳେ ଦିଶୁଅଛି ଶୋକାର୍ତ୍ତ, ବିହ୍ୱଳ
ଏ କେଉଁ ଦେଶକୁ ମତେ ଆଣିଅଛ ?
ନାଭି ଠାରୁ ଆହୁରି କୁଟିଳ
ଅପରାଧୀ ପରି ଏଠି ଡରି ଡରି ଆସୁଛି ସକାଳ

ଯଦି ଆଜି କିଛି ଗୋଟେ ଭାଙ୍ଗିଯାଏ ଝନ୍ ଝନ୍ ହୋଇ
ରାସ୍ତା ଯଦି ଭରିଯାଏ ହଳଦିଆ ତରଳ ରସରେ
ଯଦି ଆଜି ଦ୍ୱିପ୍ରହରେ
        ମୁଖହୀନ ବ୍ୟକ୍ତି ଏକ ଆସେ ବସି ନାଲି ମଟରରେ
ଯଦି ମୁଁ ଭୟରେ ଥରେ, ବିଦ୍ଧ ହୁଏ ସୁତୀକ୍ଷ୍ଣ ତାରାରେ
ତୁମେ କ'ଣ ମତେ ପୁଣି ଘେନିଯିବ ଘରକୁ ଆମର
ନା ମତେ ଲୁଚାଇ ଦେବ ଭ୍ରୂଣ ପରି ତୁମରି ଗର୍ଭରେ ?

କୋମଳ ମୃତ୍ୟୁ

ମୃତ୍ୟୁ କେତେବେଳେ ଆସି ଶ୍ରୀକୃଷ୍ଣଙ୍କ ପରି
ବଂଶୀ ନେଇ ଚାଲିଗଲା ଶେଯ ଖାଲି କରି
ନୂପୁରର ଯାହା ଧ୍ୱନି ଲୁଚିଗଲା ସ୍ୱଚ୍ଛ ପବନରେ
ଛଡ଼ା ବଉଳର ମାଳା ଲୋଟୁଥିଲା ନମ୍ର ଚଟାଣରେ
ତା ଦୀର୍ଘ ବେକରୁ । ସେତିକି କେବଳ ସାକ୍ଷୀ
ଅବଶ୍ୟ ଦି'ଟୋପା ରକ୍ତ ପଡ଼ିଥିଲା ରୁପା ଅର୍ଗଳିରେ

ସାଧବ ନ ଥିଲେ ଘରେ । ସାଧବାଣୀ ଚମ୍ପା ଗଛ ତଳେ
ଖେଳୁଥିଲେ ସୁନାଚାନ୍ଦ ଧରି । ରକ୍ଷକ କି ଦାସୀ କର୍ମଚାରୀ
କେହି ନ ପାରିଲେ ଦେଖି, କେତେବେଳେ ଯୂଇଫୁଲ ପରି
ପଶିଗଲା ଗମ୍ଭୀରିକୁ, ଶୋଇଥିଲା ଏକୋଇର ବଳା
କି ହେଲା କି ହେଲା ଦେଖ ନ ଖୋଲଇ ଆଉ ବେନି ଡୋଳା

ହେଲେ ଭଲା ଆସିଥାନ୍ତା ନିଶୀଥର ଆଚ୍ଛନ୍ନ ପ୍ରହରେ
କଳା ପ୍ରଜାପତି ହୋଇ ସାଧବାଣୀ ବର୍ତ୍ତୁଳ ସ୍ତନରେ
ଭରି ଯାଇଥାନ୍ତା ବିଷ । ହେଲେ ଭଲା ଆସିଥାନ୍ତା
ଦୁଇ ହାତେ ଭାଙ୍ଗି କବାଟକୁ
ଲିଭାଇ ଆଲୋକ ସ୍ତମ୍ଭ, ଛେଳି ପରି ଖର୍ବ ରୂଢ଼ ଦାନ୍ତେ
ଚୂରି ଖାଇଥାନ୍ତା ନମ୍ର ହାତ ଗୋଡ଼ । ଅଥବା ଭାଗ୍ୟକୁ
ଶ୍ୟାମଳ ବ୍ରାହ୍ମଣ ହୋଇ ଆସିଥାନ୍ତା, ରୋଷଭରେ କରାଘାତ ପରେ
ମାଗିଥାନ୍ତା ଦୁଇ ଆଖି, କେଶ କିଛି, ଅଥବା ଆଙ୍ଗୁଠି
ଠିକିରି ମାପର ମାଂସ ବା ଈଷତ୍ ଲାଲ୍ ଜିଭ ଗୋଟି

କୌଣସି କଟାଳ ନାହିଁ । କେତେବେଳେ ରାଜହଂସ ପରି
ଫୁଲ ନେଇ ଚାଲିଗଲା ଉଦରରୁ, ଶେଯ ଖାଲି କରି
ରକ୍ତ ପରି କୋମଳ ପ୍ରଦୋଷେ, ଯେତେବେଳେ ସଜାଗ ପ୍ରହରୀ

ବିଦେଶ ଯାତ୍ରା

କେଉଁ ଦୂରତ୍ୱର ଦ୍ୱୀପେ ଚାଲିଯାଅ, କୋମଳ ଜାହାଜ
ମୋର ଭାବ ଅଭାବର। କେବେ ଲେଉଟିବ? କିଏ ଜାଣେ
କେଉଁ ଅବସନ୍ନ ବୃକ୍ଷେ ବସିଅଛ, ନିଦ୍ରିତ ଦେବତା ମୋର
ଅରଣ୍ୟରୁ ପ୍ରାଚୀନ ସ୍ୱପ୍ନରୁ, କହ କେବେ ଓହ୍ଲାଇବ?
ଆଜି ଅବେଳରେ ଠାକୁର ଦେବତା କିଆଁ ମନେ ପଡ଼େ?
ମନେପଡ଼େ ସମୁଦ୍ରକୂଳ ଓ ଅଣ୍ଟା ଭଙ୍ଗା ବୋଇତ ଭାସଇ
ଲୋଚାକୋଚା ଲହଡ଼ିରେ, କାନ୍ଦ କାନ୍ଦ ନିସ୍ୱ ଦ୍ୱିପ୍ରହରେ

ମୁଁ ଦେଖିଚି ବାରମ୍ବାର ଶୋକାକୁଳ ସୌନ୍ଦର୍ଯ୍ୟ ତୁମର
ତୁମେ ଯେବେ ଆସ୍ତେ ଆସି ବସ ବାରନ୍ଦାରେ
ଦୀର୍ଘଶ୍ୱାସ ପରି ହାଲ୍କା ଦେହ, ଦେବୀ ପରି ଆୟତ ନୟନ
ତୁମେ ଯେବେ ବସ ତୁମ ପରି। ଦୁଃଖିନୀ ସନ୍ଧ୍ୟାରେ
ତୁମେ ଯେବେ କୃପାକର ରାସ୍ତାସାରା ଚାଲୁବୁଲ୍ ପ୍ରତ୍ୟେକ ଲୋକଙ୍କୁ
କି ଉଦ୍‌ବିଗ୍ନା ରମଣୀ କି ସର୍ବସ୍ୱାନ୍ତ ସୌଦାଗର କି ଖବରକାଗଜବାଲାକୁ

ମୁଁ ଦେଖିଚି ତୁମ ଛାଟିପିଟି ହେବା ହଳଦିଆ ଶୂନ୍ୟତାରେ ଦିନରାତି
ଓ ତୁମ ମାଟିର ମୁହଁ ଭାଙ୍ଗିଯିବା ବର୍ଷାପାଣି ପିଟି ହେଲା ବେଳେ
ମୁଁ ଦେଖିଚି ତୁମ ଲଇଁ ଲଇଁ ଚାଲି ଅଣ୍ଟାଭଙ୍ଗା ବୋଇତ ପରିକା
ଅସହିଷ୍ଣୁ ସଧବାଙ୍କ ଗହଣରେ (ରାତି କେତେ ହେଲାଣି କେଜାଣି,
କିଏ ସବୁ ହସୁଚନ୍ତି, କି ପାଟି ଏ ଛୋଟ ପିଲାଙ୍କର)
ଏ ବଉଳ ପାଟର ଭିତରୁ କେ ଜାଣିବ ଏ ମୁହଁର ହସକାନ୍ଦ
କେ ଜାଣିବ ଚାଲୁଅଛି ଧୋତି ଏବଂ ସିଲ୍କ ପଞ୍ଜାବିରେ
ମଣ୍ଡି ହୋଇ ତୁମ ସାଥେ ଏ ମୋହର ନିର୍ମମ କଙ୍କାଳ

ଅଣ୍ଟାଭଙ୍ଗା ବୋଇତରେ ତୁମେ ଭାସିଯାଅ ଧୀରେ ବିଦେଶକୁ
ବିବିଧ ବାଜଣା ବାଜେ। ଶଙ୍ଖ ହୁଳହୁଳି ଦ୍ୟନ୍ତି ପୁର ବାଳୀ
ମୁଁ ଶୁଣିଚି ବିଦେଶରେ ଖୁବ୍ ଥଣ୍ଡା ହୁଏ। ଘର କଥା
ମନେପଡ଼େ। ଶେତା ଲୋକମାନେ, କରନ୍ତି କରମର୍ଦ୍ଦନ
ଘଡ଼ ଘଡ଼ ଦୁର୍ବୋଧ୍ୟ ଗଳାରେ ପଚାରନ୍ତି କୁଶଳ
ଓ କୁଳବୁଡା ଲଙ୍ଗଳା ମେମ୍‌ଟି ଚାହିଁଥାଏ
ଅନ୍ୟର ସ୍ୱାମୀକୁ, ରକ୍ତଶୋଷି ନିଏ

ମୁଁ ମଧ୍ୟ ବିଦେଶ ଯାଏ। ମୁଁ ବଞ୍ଚିଚି, ତଥାପି
ମୁଁ ସବୁ ମୃତ ଲୋକଙ୍କ ସହିତ ବୁଲିଯାଏ ମୋ ସ୍ୱପ୍ନର
ଜାଲୁ ଜାଲୁ ବିଦେଶକୁ। ସେମାନେ ବି ଶେତା କିନ୍ତୁ ସେମାନଙ୍କ
ଜିଭ ନାହିଁ କଥାବାର୍ତ୍ତା ପାଇଁ। ଓ ତାଙ୍କର ନାପସନ୍ଦ ସତ୍ତ୍ୱେ
ମୁଁ ଉହୁଁକି ଦେଖେ ପୃଥିବୀକୁ। ବିଦେଶରୁ ସବୁ ଦିଶେ ନୀଳ
ଦିଶେ ତୁମ ଶୋକାକୁଳ ସୌନ୍ଦର୍ଯ୍ୟ ଓ ବାରନ୍ଦାରେ ଢଙ୍ଗ ବସିବାର
ଯାହା ଆଉ ନାହିଁ। ପୃଥିବୀ ଦିଶଇ ନିସ୍ୱ ଓ ଲାବଣ୍ୟମୟ
ଏତେ ପରିଷ୍କାର ସ୍ୱପ୍ନରେ ବି। ମତେ ଲାଗେ ଏଇ ମୁହୂର୍ତ୍ତରେ
ଆଉ ନାହିଁ ରକ୍ତପାତ ଉଚ୍ଚାକାଙ୍‌କ୍ଷା ପାପ କୋଳାହଳ
କି ଅବୋଧ୍ୟ କାରଣରୁ ସବୁ ଲୋକ ଦୁଃଖିତ କେବଳ

ଭାବିଥିଲି ନ ଯାନ୍ତ ବିଦେଶ ତୁମେ। ମୁଁ ମଧ୍ୟ ଚାଲାଖି କରି
ଏଇ ଆଖେ ପାଖେ ଖୋଜି ନିଅନ୍ତି ଚାକିରି
ଓ ତା'ପରେ କୁଷ୍ମାଣ୍ଡ କବିଙ୍କ କେତୋଟି ବକ୍ରୋକ୍ତି
ଛଡ଼ା ଅନ୍ୟ ଭୟ ନାହିଁ। ନାହିଁ ସମୟର ଥଟ୍ଟା, ଋତୁଙ୍କ ଆପତ୍ତି
ନାହିଁ ଅଳ୍ପ ବୟସର ଧଡ଼ପଡ଼ ହୃଦୟ ଓ ଆମେ ବେଳ ଅବେଳକୁ
ସଞ୍ଚି ରଖୁଥାନ୍ତୁ ଧନ। ଜାଣନ୍ତୁ ସମସ୍ତେ
ପୂର୍ବ ପରି ବୁଲିଯାନ୍ତେ ବାଷ୍ପରୁଦ୍ଧ କେନାଲ କୂଳକୁ
ଏ ସାରା ସହର ହ'ନ୍ତା କଥାବାର୍ତ୍ତା ତୁମ ବିଷୟରେ
ସଂକ୍ଷେପରେ, 'ତାକୁ ଜାଣ, ସ୍ତନର ଦୃଢ଼ତା ନାହିଁ ଆଜିକାଲି
ତଥାପି ସାହସ କେତେ, ସେ ଦୃଢ଼ ତା' ନିଜ ସିଦ୍ଧାନ୍ତରେ'

ଚାଲିଗଲ ଭଲକଲ। ଟିକେ ବେଶି ଥଣ୍ଡା ଏବଂ ଟନ୍ ଟନ୍ ଏକାକୀତ୍ୱ ଛଡ଼ା
ଆଉ କ'ଣ କ୍ଷତି ବିଦେଶରେ? କାହିଁକି ବା ରହିଥାନ୍ତ
ଏ ସହରେ ଆଜିକାଲି ଜୀଅନ୍ତାଠୁ ବେଶି ମଲାଲୋକ
ଓ ମୁଁ ମଧ୍ୟ ପାରୁନି ଲେଖି ଖୁବ୍ ମନ ମତାଣିଆ ଗୀତ
ଆଜିକାଲି ମଉକା ଉପରେ। ଚାଲିଗଲ ଭଲକଲ
ଖାଲି ଥରଟିଏ ଚାହଁ, ମୁଁ ଦେଖେ ସେ ନିରାପଦ ମୁହଁ
ମୋର ଭଲପାଇବାର ତିରସ୍କୃତ ମଳିନ ଆଲୋକେ
ଖାଲି ଥରେ କହିଯାଅ, ଏ ସବୁ ସତ୍ତ୍ୱେ ବି ପୃଥିବୀରେ ପ୍ରେମଅଛି
ତୁମେ ଭଲ ପାଇପାର ପୁନର୍ବାର ମତେ ବା ଅନ୍ୟକୁ
ଏ ସବୁ ସତ୍ତ୍ୱେ ବି ପବନ ଆଉଁଶି ପାରେ ପୁନର୍ବାର ଦୁଃଖିତ ଫୁଲକୁ

ତୁମେ କି ସୁନ୍ଦର ଓ ତୁମକୁ ବେଶ କରୁଥିବା ସ୍ତ୍ରୀଲୋକ କି ମୂର୍ଖ
ସେମାନେ ଜାଣନ୍ତି ନାହିଁ ତୁମକୁ ସାଜିବା, କଇଁ ଫୁଲେ ରଙ୍ଗ ଦେବା
ପରି ନିରର୍ଥକ। କିଏ ଚିହ୍ନେ ବିଦେଶରେ
କେଉଁ ଯଶ ଏତେ ଗହଣାରେ?
କେ ଦେଖିଚି ଅସ୍ଥିର ବିଜୁଳି ତୁମ ନିରାବରଣ ଦେହରେ
କେ ଜାଣେ ମୁଁ ପାନିଆରେ ଦିନେ, କୁଣ୍ଡାଇ ଦେଇଚି
ତୁମ ମୁଣ୍ଡବାଳ। ତୁମ ମାଳଞ୍ଚର ହୋଇ ମାଳାକାର
ଆଜି ସିନା ମୁଁ ଝୁଲୁଛି ଟହ ଟହ ବଜାର ମଝିରେ
ତୁମ ସାନ ଭଉଣୀର ନିଃସହାୟ ଘୃଣାର ଫାଶୀରେ

ମୁଁ କାହିଁକି ରହିଥାନ୍ତି? ହାତ ମୋର ପାଏ ନାହିଁ ଆକାଶକୁ
ଏବଂ ମୋ ପିଠିର ସବୁ ଜାଗାକୁ ବି ହାତ ପାଏ ନାହିଁ ମୋର
(ତୁମ ପରି ଚନ୍ଦ୍ରମାକୁ ହାତ ଯିବ କେଉଁ ବାମନର!)
ମୁଁ କାହିଁକି ରହିଥାନ୍ତି? ଭଙ୍ଗା ନୀଳ ଆଲୁଅରେ ଭରାଥିଲା
ସବୁତକ ଘର। ଦୁଃଖ ହୁଏ କେତେ ରକମର
ଫୁଲ ଫୁଟିଅଛି, କିନ୍ତୁ ବାରନ୍ଦାରେ ଆତଯାତ ଶରୀର ସତେକି
ନିର୍ବାସିତ ସୁଗନ୍ଧରେ ମ୍ଳାନ। ଚାରିଆଡ଼େ ବିମର୍ଷ ଲୁହରେ ଭରା
ରାତିଦିନ। ମୁଁ ଚାଲିଆସିଲି ଏକୁଟିଆ ବାଟସାରା

ଭଙ୍ଗାକାଚ ବୋତଲରେ ଟୁପ୍‌ଟାପ୍ ପଡୁଥିଲା ତାରା
ରାସ୍ତାରେ ନ ଥିଲେ କେହି, ଖାଲି ଏକ ଦଦରା ହାୱାରେ
ତୁମେ ପିନ୍ଧି ସେଇ ଧଳାଶାଢ଼ି ଆମ କଲେଜ ବେଳର
ଉଭାହେଲ, କହିଲ ଯେପରି, ‘ଛି ଛି ଗଲା ଓ ଆସିଲା ବେଳେ
କେଡ଼େ ଅସୁନ୍ଦର ଦିଶେ ମନଦୁଃଖ ଆମ ବୟସରେ’

ଓ ତା’ ପରେ ରାତି ହେଲା ଆନ୍ଦୋଳିତ ତୁମ ସ୍ୱଚ୍ଛ ନିର୍ଲୋଭ ହସରେ
ଯେପରି ତାହାହିଁ ଥିଲା ଶେଷରାତି
ଝାଳ ଜୁତୁ ବୁତୁ ହୋଇ ଭୟଙ୍କର ସ୍ୱପ୍ନ ଦେଖିବାର
ଅସହ୍ୟ କାକର ସତ୍ତ୍ୱେ ହସି ହସି କ୍ଷମା କରିବାର
ତାହା ଥିଲା ଶେଷରାତି, କାଲିଠାରୁ
ମୋ ଉନ୍ନତି ମପା ହେବ ତୁମରି ସ୍ୱାମୀଙ୍କ ଆସ୍ଫାଳନେ
ଓ ମୋର କବିତା ହେବ ନୈର୍ବ୍ୟକ୍ତିକ। ଢଣ ଢଣ ଟିଣର ଜାହାଜେ
ମୋ ଦେହ ଓଟରା ହେବ ଏକ ପଲ ନିଷ୍କର୍ମାଙ୍କ ଜାକଜମକରେ
ହତୋତ୍ସାହ ଖରାବେଳେ ଢଙ୍କା ହୋଇ ଖବରକାଗଜେ

ଜନ୍ମରାତି

ତୁମ ନିଦ ଭାଙ୍ଗି ଗଲେ
ଦୂରତ୍ୱ ନ ଥାଏ ମୋଟେ
ନୂଆବର୍ଷ ଆସେ

ଦୀପ ଜଳୁଥାଏ ଅକମ୍ପିତ ବିହୁଡ଼ିରେ
ଈଶ୍ୱରଙ୍କୁ ପକ୍ଷପାତ କରି

ନିଭୃତ ଇଚ୍ଛାର ଛଟପଟ ସୁନାମାଛ
ଲୋଡ଼େ ଜଳସ୍ପର୍ଶ

ସନ୍ତୁଷ୍ଟ ଭଅଁର ପରି ଗୁଣ୍‌ଗୁଣ୍ ହୋଇ
ପୋଷା ମାନେ ମୁଗ୍‌ଧ ଏରୋପ୍ଳେନ୍

ମୁଣ୍ଡ ଭିତରର ଟଳମଳ ଅସ୍ୱଚ୍ଛ ପାଣିରେ
ପଡ଼େ ଚନ୍ଦ୍ରାଲୋକ

ତୁମ ନିଦ ଭାଙ୍ଗିଗଲେ, ଚନ୍ଦ୍ରକଳା
ଭାଷାରୁ ଅଦୃଶ୍ୟ ହୁଏ ଅବହେଳା
ଅଦ୍ଭୁତ ନିଶବ୍ଦ ବର୍ଷା ଥମିଯାଏ
ଋତୁର ସମ୍ଭୋଗେ ଖୋଲେ ବନ୍ଦିଶାଳା

ନିର୍ମମ ରୂପାରେ ଗଢ଼ା
ତୁମରି ଚିତ୍କାରେ
ଅବଶିଷ୍ଟ ରାତି ହୁଏ ଧଳା

ବତାସ

ନିର୍ମମ ବତାସ, ସେଠି
ଶବ୍ଦ ଶୁଭେ ଅବିରତ ଅଶ୍ୱାରୋହଣର
ସେଠି, ବହୁ ଅଣନିଶ୍ୱାସୀ ଲୋକଙ୍କ
କବାଟ ଝରକା ସବୁ ଖୋଲିବାର ପ୍ରଚେଷ୍ଟା ଭିତରେ
ଟ୍ରେନ୍ ଯାଏ ଦୁଲ୍ ଦୁଲ୍ ହୋଇ
ଦୀର୍ଘାଙ୍ଗିନୀ ନଈ ପୋଲ ପରେ। ସେଠି
ଜଙ୍ଗଲ ଭଙ୍ଗାର ଶବ୍ଦ ନିଦ ସାରା
ସ୍ୱାଧୀନ ଆତୁର

ବତାସରେ କ୍ଳାନ୍ତି ନାହିଁ ଅନୁକମ୍ପା ନାହିଁ
ଅଛି ଆର୍ତ୍ତ ଏବଂ ଓଲଟ ପାଲଟ
ସ୍ୱର ଚଢ଼େଇଙ୍କ
ଅଛି ଥଳକୂଳହୀନ ରାତିର ଆକାଶ
ଆଉ ଗୋରୁପଲ ପରି ବ୍ୟଗ୍ର ମେଘ
ଅଛି ଛୁରିକା ଆଘାତ ପରି
ମୁହୁର୍ମୁହୁ ବିଜୁଳିର ଦାଗ

ଦିନେ କେବେ ମୁଁ ଥିଲି ବତାସ
ଆଉ ତୁମେ ଥିଲ ସରୁ ଦୀପଶିଖା
ମୁଁ ଥିଲି ଉଦ୍ୟତ ଦସ୍ୟୁ ତୁମ ନିସ୍ୱ ନିରୀହପଣର
ତୁମେ ଜାଣି ନ ଥିଲ କି ଦୀପଲିଭା ଅଭ୍ୟାସ ମୋହର ?
ନା ତୁମେ ମୋ ଆକାଶର ଆଲୋକିତ ହାହାକାର ଦେଖି
ଆରମ୍ଭରୁ ବସିଥିଲ ଗୋଟାପଣେ ନିଜକୁ ସମର୍ପି ?

ବତାସ ଚିହ୍ନଇ ନାହିଁ ସମର୍ପଣ
ଆଲଟ ଚାମର
ବତାସ ଜାଣେନା କ'ଣ ଦୟାମାୟା
ଦୁଃଖ ଅବାନ୍ତର
ତା' ନିଃସୀମ ଆଲିଙ୍ଗନେ
ଦରବଙ୍କା ଟେଲିଫୋନ୍ ଖୁଣ୍ଟ
ନିଦଭଙ୍ଗା କୁହାଟରେ ବତାସ ଛଡ଼ାଇ ନିଏ
କେତେ ଦୀପାବଳୀର ସୌଭାଗ୍ୟ
ଓ ସଞ୍ଚୟ ଜୀବନଯାକର

ସେ ନିର୍ବାସିତ ବିଚାରକ
ଯାହା ହେଉ ଭୁଲିଗଲେ
ଜୟ ପରାଜୟ ସବୁ ଜନ୍ମ ମୁହୂର୍ତ୍ତର
ଦୂରେ ଥାଉ ହାଣିବାକୁ ବତାସର ହୁଲସ୍ଥୁଲ ହାତଗୋଡ଼
ଚାହିଁଲେନି ପଛକୁ କଦାପି
ତେଣୁ ବତାସ ଝପ୍‌ଟି ଯାଏ ଦିଗ୍‌ବଳୟ ଯାକେ
ଘୋଡ଼ାର ଖୁରାରେ ମକ୍‌ଚି ଦେଇ ପ୍ରତ୍ୟୁତ୍ତର
ହେଲେ ବତାସର ଅକମ୍ପିତ
ପଞ୍ଜରା ଭିତରେ
ଧୀର ସ୍ଥିର ଅଭିଶାପ ସତ ହେଲା ବେଳେ
ଦୀପ ଜଳେ, ଦରହାସ ପରି

କଟକ ସୁନ୍ଦରୀ

କଟକ ସୁନ୍ଦରୀ ଆସି ଉଭାହେଲା ନାଲି ବ୍ଲାଉଜରେ
କଟକ ସହର ସାରା
ଆହ୍ଲାଦିନୀ ଖରା

ନା ଅଛି ମେଘ ନା ବୃଷ୍ଟି ନା ବାରୁଦ ରଂଗର କୁହୁଡ଼ି
ନା ଅଛି ତଟସ୍ଥ କାଉ ନା ହଲୁଥିବା ପିଜୁଳିପତ୍ରରେ
ଅବିନାଶ ଅନ୍ଧକାର
ଶ୍ମଶାନ ପର୍ଯ୍ୟନ୍ତ ସବୁ ପରିଷ୍କାର

କୁସୁମ ରଙ୍ଗର ଖରା । ଉଭାହେଲା କଟକ ସୁନ୍ଦରୀ
ସୁନାହାର ପରି ଖରା, ତା'ର ସ୍ୱଚ୍ଛ ନିରୋମ ବେକରେ
ଖରାର କନକଲତା ଅଙ୍କା ତା'ର ନାଲି ବ୍ଲାଉଜରେ

କଟକ ସୁନ୍ଦରୀ ତା'ର ଦେହ ଫୁଲଗଛ
କଲେଜ କାନ୍ଥରେ ଲେଖା କଠୋର ଭାଷାର ରାଜନୀତି
ଆଲୋକିତ ଦଶହରା, ପ୍ରେମିକରେ ଭର୍ତ୍ତି ବାଲିଯାତ୍ରା
ସେ ସବୁ ଦେଖିଚି ହେଲେ
ତଥାପି ସେ ଛୁଇଁପାରେ ନିଷ୍ପାପ ନିଦକୁ
ତଥାପି ସେ ଚିହ୍ନିପାରେ ଗୋଲାପର ଗଛରେ ଗୋଲାପ

କଟକ ସୁନ୍ଦରୀ ତା'ର ଦେହ ହଂସଧ୍ୱନି
କୋଳାହଳ ସାରା ଖେଳେ ଅସରନ୍ତି ଲାଲ୍‌ପୋକ
ଅନିବାର୍ଯ୍ୟ ସୁଗନ୍ଧ ଓ ମୋହ । ଅକଳଙ୍କ ସୂର୍ଯ୍ୟ ହୁଏ
କେତେବେଳେ ଦ୍ୱିପ୍ରହର
କେବେ ତା'ର ଦୀର୍ଘକେଶ ଚକ୍ଷୁ ସ୍ତନ ଦେହ

ନୀଳ ସରସ୍ୱତୀ ୧୩୯

କଟକ ସୁନ୍ଦରୀ ତା'ର ଦେହ ମୁଗ୍ଧନଦୀ
ପ୍ରତିଦିନ ଅଳୀକ ସୁଖରେ ଗଢ଼ା ତା' ଘରକରଣା
ବର୍ଷାହେଲେ ସେ ହାତପ୍ରସାରୀ ଛୁଏଁ ଜଳକଣା
ରକ୍ତରେ ଅନ୍ଧାର ବଢ଼େ
                କୃଷ୍ଣପକ୍ଷ ସାରା ନିରବଧି

ଆଖିସାରା କାଠଯୋଡ଼ୀ, ପଛପଟେ ସତୀଚଉରାର ମାଟି ମୁହଁ
ମଧ୍ୟେ ଉଭା କଟକ ସୁନ୍ଦରୀ। ପାଣିପରି
କ୍ଷୀଣ ଓ ତରଳ ଅଣ୍ଟା
                ଅତୁଟ କଳସୀ ପରି ଦେହ
ଗଛପତ୍ର ସାରା ସୂର୍ଯ୍ୟ, କିନ୍ତୁ ବକ୍ସିବଜାର ଛକରେ
ମୋ ପ୍ରେମବିହୀନ ଦେହ ଜଳିଯାଏ ନିଶବ୍ଦ କଷ୍ଟରେ
କେବେ ତା'ର ଭ୍ରୂପଲ୍ଲବେ ହେବ ଚନ୍ଦ୍ରୋଦୟ

ନିରୀହ ଯାଦୁକର

ଏକ

ନିରୀହ ଯାଦୁକର ସେ
ଜାନୁର ତିଳଚିହ୍ନ ତା ମୂଳଧନ
କଳା ପ୍ରଜାପତି ତା'ର ସଫଳତା
କାଇଁଚ ଫଳରେ ତା'ର ପୂର୍ଣ୍ଣ ସ୍ୱାସ୍ଥ୍ୟ ରକ୍ତ ଟଳମଳ
ଗୁଞ୍ଜାର ପକ୍ଷୀରେ ତା'ର ଛୁଟିଦିନ ଦୁଃଖ ଓ ଯୌବନ

ନିରୀହ ଯାଦୁକର ତା'
ଅପାର କ୍ଷମତାମୟ ହାତ
ଦେହର ଭିତରେ ଦେହ ଠାବ କରେ
ଦେହର ବାହାରେ, ଏକ କୌତୂହଳ
ମୁଦି ଦିଏ ଆଖିପତା ଲଫାପା ପରିକା
ତାକୁ ଜୋର୍ କରି ଖୋଲିଦେଲେ
ଜରି କଣ୍ଢେଇରେ ସଜା ସ୍ୱପ୍ନ ଚିରିଯାଏ ତା'ର
ଦେଖୁ ଦେଖୁ ଫେରିଯାନ୍ତି
ହଂସ, ପରୀ, ଦୁଃଖୀ ସୌଦାଗର

ନିରୀହ ଯାଦୁକର ସେ
ତା' ଗୋରା ଦେହକୁ ମାନେ, ତାରା ଝଲମଲ
କଳା ଜାମା, ଯେତେବେଳେ ସୂକ୍ଷ୍ମ କପଟରେ
ସେ ହଠାତ୍ ଟପି ଯାଏ କ୍ଷିପ୍ର ମେଘ ପରି
ପ୍ରଗାଢ଼ ଗୀତରେ ସଜା ରାସ୍ତାଘାଟ ଓ ଦୌରାତ୍ମ୍ୟ ସୁନ୍ଦର ଦେହର
ତା'ର ଖାମ୍‌ଖିଆଲୀ ଆଦେଶେ କେତେବେଳେ କୁକୁର ଭୁକେ ତ
କେତେବେଳେ ଅପାସୋରା ବର୍ଷା
ବ୍ୟର୍ଥ କରେ ନିର୍ଯାତନା କଲବଲ ବୈଶାଖ ମାସର

ନିରୀହ ଯାଦୁକର ସେ
ଜୀଅନ୍ତା ଆଖିରେ ଗଢ଼ା, ତା'ର ମାୟା ଦର୍ପଣର ବେଢ଼ା
ତିନୋଟି ଗୋଡ଼ରେ ଠିଆ ଚୌକି ତା'ର ସିଂହାସନ
ନୀଳ ଲଣ୍ଠନ ତେଜିଲେ ଓହ୍ଲାଇ ଆସନ୍ତି ଧୀରେ ଦେବ ଦେବୀ
ଅମଳିନ ସ୍ତବ୍ଧତାରେ ରଜାପୁଅ ପାଲଟଇ ଯୋଗୀ
ଖବରକାଗଜେ ଛାପି ବିବୃତି ତା' ଅଭିଷେକ ଦିନର ସକାଳେ

ଦୁଇ

ଏଣିକି କଅଣ ହେବ ? ଏକ ବଶବର୍ତ୍ତୀ
ଜୀବନ କାଳର ସିନ୍ ଉଠିଲାଣି
ଏବେ ନର୍ତ୍ତକୀ ହେଲାଣି ଛିଡ଼ା ପେଣ୍ଡାଲ ଉପରେ
ଭୂଲତା ନଚାଇ । ଆଉ କି ଉପାୟ ଅଛି ?
ସଲଜ୍ଜ ଆରମ୍ଭ ଆଉ କରତାଳି ଭରା
ଭବିଷ୍ୟତ, ମଝିରେ ଶୁଣିବ ଆସ
ନିୟତିର କାନ୍ଦ ଶୁଭେ ଦରଭଙ୍ଗା ହାର୍ମୋନିୟମ୍‌ରେ
ଚିକ୍ ଚିକ୍ ତାରାରେ କ୍ଷତାକ୍ତ
କଳା ଜାମା ଖୋଲିଗଲେ, ସୁନ୍ଦର ସ୍ଥାପତ୍ୟ ଦିଶେ
ତା'ର ଲହୁ ଲୁହାଣ ଦେହରେ

ଆଉ କି ଉପାୟ ଅଛି ? ଶୋ' ସରିଗଲେ

କିମ୍ବା ତେଲଚିକ୍‌ଟା ନିଦ ଭାଙ୍ଗିଗଲେ, କିମ୍ବା
ବନ୍ଧାପନା ସରିଗଲେ ବିବସ୍ତ୍ର ଓ ଇଚ୍ଛୁକ ଦେହର
ସାତମିନିଟ୍‌ରେ, କିମ୍ବା ଅକ୍ଷମ ମେଘର ପରି
ଭାସିଗଲେ ନିରୁପାୟ ଭାଷାର ଆଶ୍ରୟ
ବାକିରହେ ଖାଲି ଏକ ଅନଭ୍ୟସ୍ତ ଗମ୍ଭୀର ସୁଷମା
ଫଟୋଉଠା ବେଳର, ଯଦିଓ ଝଲ୍‌ସି ଉଠେ ଦୃଷ୍ଟିଶକ୍ତି
କ୍ରମେ ବଢୁଥିବା ଏକ ଯନ୍ତ୍ରଣାର ଫ୍ଲାସ୍ ଲାଇଟ୍‌ରେ

ଏବଂ ଡୋଳାର ନିଷେଧ ଭାଙ୍ଗି, ଭଲ କରି ଚାହିଁବା ପୂର୍ବରୁ
ସବୁ ଅଧିକାର ଆସ୍ତେ କାଢ଼ି ନିଏ ତା'ଠୁ
ଧଳା ଓ ନିର୍ଦ୍ଦୟ
ଏକ ସାଧାରଣ ଦିନର ଆଲୁଅ

ନ୍ୟୁୟର୍କରେ ମଲ୍ଲିକା

ଏକ

ଏଠି ଖସି ପଡୁଥିବା ତାରାଙ୍କ ଭିତରେ
ଉଡ଼ାଜାହାଜର ହିଂସ୍ର ଘୁମୁରା ପାରାଙ୍କ ଭିତରେ
କ୍ଷମତା ପତନର ଉପନ୍ୟାସ ଭିତରେ
ଆକସ୍ମିକ ଲଘୁ ସୁଖର ଅଟ୍ଟହାସ୍ୟ ଭିତରେ
ଗୋଧୂଳିର ଧେନୁପରି ମଟରଙ୍କ ଗୋଠ ଭିତରେ
ମୋହିତ ନିବିଡ଼ ଆଲୁଅର ଓଠ ଭିତରେ
ଯୌବନର ମୌଳିକ ଅପଚୟ ଭିତରେ
ଛଦ୍ମବେଶର କଟାକ୍ଷ ବିନିମୟ ଭିତରେ
ସ୍ୱର୍ଗକୁ ଶିଡ଼ିଥିବା ଘରଙ୍କ ଭିତରେ
ଇଷତ୍ ଦାଢ଼ିଥିବା ବୀରଙ୍କ ଭିତରେ
ଜିନ୍‌ପିନ୍ଧା ସନ୍ନ୍ୟାସିନୀ ଝିଅଙ୍କ ଭିତରେ
ଉନ୍ନିଦ୍ର ଓ କ୍ଷୁରଧାର ପୁଅଙ୍କ ଭିତରେ
ଶୀତତାପ ନିୟନ୍ତ୍ରିତ ଦୁଃସ୍ୱପ୍ନର ସେଲାର ଭିତରେ
ତାଜା ସବୁଜରଙ୍ଗର ଡଲାର ଭିତରେ
ମହାବିଷ୍ଣୁ ଅର୍କେଷ୍ଟ୍ରାର ଶବ୍ଦ ଛିଟିକା ଭିତରେ
ନ୍ୟୁୟର୍କର ପବିତ୍ର ଆଖିମିଟିକା ଭିତରେ

ତୁ ଏଠି ବସି କ'ଣ କରୁଛୁ, ପାଗଳୀ ଝିଅ
ଏକୁଟିଆ ଏତେ ବର୍ଷ ହେଲା
ଅନେକ କଷ୍ଟ ଦେଲୁଣି
ଏଥର ଘରକୁ ଆ

ଦୁଇ

ଅଧା ହଳଦିଆ ଏକ ମାୟାବୀ ଆଲୁଅ
ମତେ ଆଗେ ଆଚମ୍ବିତ କରି ଡାକିନିଏ
ତୋ ପ୍ରେମର ନିଷ୍ଠୁର ଦ୍ୱୀପକୁ
ଯେଉଁଠି ତୋ ପରିଣତ ନାରୀତ୍ୱର ପାଷାଣ ପ୍ରତିମା
ଏକ ଶିଳ୍ପୀ ଖୋଜେ

ଅଧା ହଳଦିଆ ଏକ ମାୟାବୀ ଆଲୁଅ
ତତେ ଆଣି ଛିଡ଼ାକରେ ମୋ' ପାଖରେ
ଏ ନିଷ୍ଠୁର ନ୍ୟୁୟର୍କର ମହାର୍ଘ୍ୟ ବଜାରେ
ଏକ ନୁହେଁ ଷୋହଳ ଚନ୍ଦ୍ରମା ଆଜି ଝଲମଲ
ତୋ' ଦେହ ସାରା । ଏ' କି ଛଦ୍ମବେଶ ?
ତୁ' ତ କେବେ ସୁନ୍ଦର ନ ଥିଲୁ ଏତେ, ଏମିତିକି
ଆମର ଘନିଷ୍ଠତମ ମୁହୂର୍ତ୍ତରେ

ଅଧା ହଳଦିଆ ଏକ ମାୟାବୀ ଆଲୁଅ
ତତେ ପୁଣି ଲେଉଟାଇ ଦିଏ ପୁରୁଣା ଚିଠିର
ସେ ଅଲଂଘ୍ୟ ଦୂରତ୍ୱକୁ । ତେଜିଦେଇ ଦୀପ ନୈରାଶ୍ୟର
ନ୍ୟୁୟର୍କ ମିଳାଇ ଯାଏ ତତ୍‌କ୍ଷଣାତ୍
ସାବୁନ୍ ଫେଣରେ ଧରା ସୂର୍ଯ୍ୟାଲୋକ ପରି
ମୁଁ ଫେରେ ମୋ ଅସଂପୂର୍ଣ୍ଣ ବନବାସ ଭିତରକୁ
ତାର ଅନ୍ଧକାର ଚିରି
କିଛି ସତ ନ ହେବାର କେତେ ଗୋଟି ତାରା ଖସିପଡ଼େ
ତୋ' ଉଚ୍ଛିଷ୍ଟ ଯୌବନର ଦପ୍ ଦପ୍ ଉଡ଼ାଜାହାଜରୁ

ଦେହ ଖରାପ

ଆଖିକୁ ଆଲୁଅ ଦିଶେ
କମଳାଲେମ୍ବୁ ପରି
ଲାଲ ଓ ବିଷଣ୍ଣ ଅବସାଦ
ଦେହ ଖରାପ

କୀଟଦ୍ରଂଷ୍ଟ ଆପେଲ ପରିକା
ଧଳାଚାଦର ଉପରେ ଶୋଇଥାନ୍ତି
ପଂକ୍ତିବଦ୍ଧ ଶିଶୁ
ଆସ୍ତେ ଖୁବ୍ ଆସ୍ତେ
ସେମାନଙ୍କ ଉପରେ ବୁଲେ
ମନନଶୀଳ ପଙ୍ଖା
ଦେହ ଖରାପ

ଚକୋଲେଟ ଖିଆ ଗୋଲାପୀ
ପାଟି ଭିତରକୁ
ବାଘପରି ଝାମ୍ପି ପଡ଼େ ଥର୍ମୋମିଟର
ଉଷ୍ମ ପାରଦ ଲମ୍ବିଯାଏ
ସନ୍ତପ୍ତ ମା'ର ଉତ୍ସୁକ ହାତରୁ
କ୍ୟାପସୁଲ ଢୋକି ଦିଏ
ଅଲିଅଳ ଝିଅ
ଦେହ ଖରାପ

ଲାଲ ହସ୍‌ପିଟାଲ୍ ଶାଲ୍ ଘୋଡ଼ି ହୋଇ
ପରୀ ମାନେ ଅପେକ୍ଷା କରନ୍ତି ଝର୍କା ଆରପଟେ
ତାଙ୍କ ଗଳା ଭିତରେ ଛୋଟ ଛୋଟ ତାରା ପରି
ଧଳାକ୍ଷତ କରିଦିଏ ଭାଇରସ୍

ସେମାନେ ଆଉ ଢୋକି ପାରନ୍ତିନି ପଦ୍ମକେଶର
ତଣ୍ଟି ପାଖେ କଷ୍ଟ ହୁଏ
ସେମାନେ ନର୍ସକୁ ଗୋଲାପ ଜଳ ମାଗନ୍ତି
ନର୍ସ ବୁଝି ପାରେନି ଦେଖି ପାରେନି ଚିହ୍ନି ପାରେନି
ଚିହ୍ନି ପାରନ୍ତି ଶାୟିତ ଶିଶୁ
ତାଙ୍କ ରୁଗ୍‌ଣ ନିଦରେ ବି ଉକୁଟି ଉଠେ
ଅମୂଲ୍ୟ ମାଧୁରୀ
ଦେହ ଖରାପ

ନିଷ୍କଳଙ୍କ ତୁଳା ପରି
ଉତ୍ସବର ମେଘ ଭାସିଯାଏ ଆକାଶରେ
ଏଣେ ସନ୍ଧ୍ୟାର ପବନ ବୋହିଆଣେ
ଯବକ୍ଷାର ପରି ଔଷଧର ଗନ୍ଧ
ଅଣୁବୀକ୍ଷଣର ପରିଧି ଭିତରେ
ସଲବଲ ହୁଅନ୍ତି କେତେ ନିୟୁତ କୀଟାଣୁ
ପୃଥିବୀର ସବୁ ସୁସ୍ଥ ଲୋକ
ବୁଲିଯାନ୍ତି ଚିରକାଳ ନରମ ଋତୁରେ
ଏଣେ ସେମାନଙ୍କ ଜମାନତ ହୋଇ
କେତେ ନିଷ୍କ୍ରିୟ ରୋଗୀ ରୋଗିଣୀ ଶୋଇଥାନ୍ତି
ସବୁଦିନେ ସବୁବେଳେ

ଦେହ ଖରାପ

ମନ ଭଲ ନାହିଁ

ଆଜି ମନ ଭଲ ନାହିଁ
ଆଜି କିଶୁର ଦୋକାନ ବନ୍ଦ
ପାନ ମିଳୁ ନାହିଁ
ଆଜି ବଜ୍ଵିବଜାରରେ ଶେଷ ହେଲା ପରି ଲାଗେ
କଳିଯୁଗ
ତେଣୁ ବଂଶୀଧରା ଟ୍ରାଫିକ ପୋଲିସ୍ ନାହିଁ
ଓଗାଳିବା ପାଇଁ
ରଙ୍ଗିନ୍ ଗାଈଙ୍କ ପରି
ମଟରଙ୍କ ଉଚ୍ଛକିତ ଗୋଠ
ମଟର ରଡ଼ିରେ ଗର୍ଭିଣୀ ଉଚ୍ଛନ୍ନ ହୁଏ
ଉଗ୍ରସେନ ଛାଡ଼ିଦିଏ ବାଟ

ଆଜି ମନ ଭଲ ନାହିଁ
ଆଜି ନିଆଁ ଲାଗିଗଲା ପରି କଠୋର ଆଲୋକ
ଜଳେ ମାର୍କେଟ ପାଖରେ, ମୁହଁ ପୋଡ଼ିଯାଏ
ରାସ୍ତା ଦିଶେ ବଧ୍ୟ ଭୂମି ପରି ନାରଖାର
ସୁନେଲି ଆଲୋକ କିଛି ଚାଟିନିଏ ପ୍ରପଞ୍ଚ କୁକୁର

ଆଜି ମନ ଭଲ ନାହିଁ
ତେଣୁ ବହି ଲାଗେ କାଠଗୁଣ୍ଡ ପରି
ଶବ୍ଦ ସାଙ୍ଗେ ଜ୍ୟୋତି ମିଶେ ନାହିଁ
କବିତାରେ ବାରିହୁଏ ଅବହେଳା
ଝୁଣ୍ଟିପଡ଼େ ମୋହିତ ଅକ୍ଷର, ଶୁଭେ ଅସମ୍ମତି
ଆଜି ନାରୀର ଉରୁରୁ ଉଡ଼ି ଚାଲିଯାଏ ପ୍ରଜାପତି
ନିଷେଧ ନ ମାନି। ଟେବୁଲ୍‌ରେ ଠିଆହୁଏ
କଟା ଆଙ୍ଗୁଠିରେ ଭରା ଖର୍ବ ଫୁଲଦାନି

ଆଜି ମନ ଭଲ ନାହିଁ
ତେଣୁ ଶୀତତାପ ନିୟନ୍ତ୍ରିତ ଘର ବିଷପରି ଲାଗେ
ତା'ର ଶିଉଳି ପରିକା ଗାଢ଼ କାର୍ପେଟ ଉପରେ
ଘୂରିବୁଲେ ଏକ ଚାରିକୋଣିଆ ପବନ
ଥଣ୍ଡା ଏବଂ ଆବେଗବିହୀନ

ନିରନ୍ତର ଟେଲିଫୋନ୍ ବାଜେ କପାଳ ଭିତରେ
ପିନ୍ଧିବାକୁ ଇଚ୍ଛାହୁଏ ଗଧଟୋପି
ଟିକ୍‌ଟିକ୍ ଚିରା କାଗଜରେ
ରୁନ୍ଧିବାକୁ ଇଚ୍ଛାହୁଏ ପାଟି ଆଖି କାନ
ରଇରୁଦ୍ର ରାଗ, ନାକପୁଡ଼ାର ଭିତରେ
ଡିଆସିଲ୍ ପରି ଜଳେ

ଆଜି କୌଣସି ଅସୁଖ ନାହିଁ, ରୋଗ ନାହିଁ
ଜର ନାହିଁ ପାଞ୍ଚବର୍ଷ ହେଲା
ବ୍ୟାୟାମ ଚର୍ଚ୍ଚିତ ଦେହ, ଜିଦ୍‌ଖୋର ଅଳସ ସ୍ୱଭାବ
ସହିପାରେ ଯେକୌଣସି ପରାଭବ। ପକେଟ୍‌ରେ
ସଦ୍ୟଜାତ ଶିଶୁପରି ନୂଆ ଟଙ୍କା ଠଣ୍ ଠଣ୍ କରେ
ଦୋକାନରେ ଭର୍ତ୍ତି ପଣ୍ୟ ଦ୍ରବ୍ୟ
ମଶା ପ୍ରାୟ ନାହାନ୍ତି କହିଲେ ଚଳେ
ନିର୍ବିଘ୍ନରେ ମିଳୁଚି ବିଜୁଳି,
କିଞ୍ଚିତ ଆୟାସେ
ମିଳିଯାଏ ଆହାର, ନିଦ୍ରା, ସ୍ତ୍ରୀଲୋକ
ଓ ଧନ୍ୟବାଦ ଈଶ୍ୱରଙ୍କୁ,
ପେଟ୍ରୋଲ୍ ବି ମଟର ସକାଶେ

ଖାଲି ମନ ଭଲ ନାହିଁ

ଜିଜୀବିଷା

ଜିଜୀବିଷା ଜିଜୀବିଷା, କେଉଁଠୁ ସହସା
ଏ ଶବ୍ଦ ଆସେ
ଏ କ'ଣ ପ୍ରଗଲ୍‌ଭତାର ଅନ୍ୟ ନାମ ?
ନା ଏକ ଘନିଷ୍ଠ ଦୁଃଖ
ଆଣିଚି ତା ଶୋକାର୍ତ୍ତ ପ୍ରତୀକ
ନା କେବଳ ଅକ୍ଷରର ଅକ୍ଷରକୁ ଆଲିଙ୍ଗନ
ଜି ଜୀ ବି ଷା
କେବଳ କୌତୁକ ? ଅଥବା ଏଥିରେ ଅଛି ଭାରସାମ୍ୟ
ନବୀନ ମୀମାଂସା ଭରା ବିଚାରର ଅର୍ଥପୂର୍ଣ୍ଣ ସୁଖ

ଜିଜୀବିଷା ଜିଜୀବିଷା, ଦ୍ରୁତଗତି ଟ୍ରେନ୍ ଚାଲେ
ଦୀର୍ଘାଙ୍ଗିନୀ ନଈର ଗର୍ଭରୁ ପ୍ରତିରୋଧ ଫେରିଆସେ
ମୋ ଦାନ୍ତର ନିପୀଡ଼ନ ପାରି ହୋଇ ଝରିପଡ଼େ
ସ୍ୱଚ୍ଛ ଓ ଚିକ୍‌କଣ ଜିଜୀବିଷା
ଧନ୍ୟ ହୁଏ ମଞ୍ଚର ସାହିତ୍ୟ

ଜିଜୀବିଷା ଜିଜୀବିଷା, ଶବ୍ଦ ଗଢ଼େ ସ୍ତମ୍ଭ ଓ ଆକୃତି
ସଚଳ ବେଗରେ ଧାଏଁ କ୍ରୁଦ୍ଧ ବେଗ କଠୋର ଶୋଣିତ
ମନାକରେ ଦେବା ଲାଗି ସୂଚ୍ୟଗ୍ର ମେଦିନୀ
ମୋ ପାଞ୍ଚବର୍ଷର ଝିଅ ଡ୍ରଇଁ ଖାତା ବନ୍ଦ କରେ
ଆତଙ୍କରେ
ମାମା ଦେଖ, ବାପା କ'ଣ କହୁଛନ୍ତି
ଜିଜୀବିଷା ଜିଜୀବିଷା, ପାଗଳ ପରିକା

ସେ ଲୋକ

ସେ ଲୋକ ଛୁଇଁଚି ଦିନେ ମଲ୍ଲିକାର ପରିଣତ ଦେହ
ସେ ଲୋକ କରିଚି ସ୍ପର୍ଦ୍ଧା ଲେଖିବାକୁ ମୋହିତ କବିତା
ସେ ଲୋକର ବୋଉ ନାହିଁ ଗତବର୍ଷ ଡିସେମ୍ବରଠାରୁ

ଚୁପ୍ କରି ଅଛି ସିନା
ସେ ଭୋଗିଚି ନିଶବ୍ଦ ପିପାସା
କୂଳର ଆଲୋକ ପଂକ୍ତି
ନଦୀର ତମସା
ସେସବୁ ଦେଖିଚି । ତାକୁ
ଭାଗ୍ୟଠୁ ବିମର୍ଷ ଆଉ କ୍ରୁର
ଏକ ଛାଇନିଦ ନିତି ଡାକିନିଏ
କଣ୍ଠ କଣ୍ଠ କୋଳକୁ ତାହାର
ନିଦର ଦାଢ଼ରୁ ଯେବେ ଶବ୍ଦ ଶୁଭେ ରୂଢ଼ ପାରାଙ୍କର

ସେ ଲୋକ ହାରିଚି ତା'ର ଆଧିପତ୍ୟ
ପ୍ରତିଦ୍ୱନ୍ଦୀ ଫେରିଗଲା ପରେ
ଜିଭର ସୁକ୍ଷମ ଭାଷା
ପ୍ରତିଧ୍ୱନି ଫେରିଗଲା ପରେ
ଦେହର ଅମନୋଯୋଗେ, ଋତୁର କଟାକ୍ଷେ
ସେ ଲୋକ ଭୁଲିଚି କ୍ରମେ
ନଦୀ ନାରୀ ମାଟି ମାତୃଭୂମି
ସେ ଲୋକ ହାରିଚି ତାର ସମ୍ମୋହନ
ଅଭିଷେକ ସରିଗଲା ପରେ

ଚୁପ୍ କରିଅଛି ସିନା, ସେ ଖୋଜୁଚି
ତେଜସ୍କ୍ରିୟ କାରଣ କୌଣସି
ଆଢୁଆଳ କରିବାକୁ ନିଛାଟିଆ ଭବିଷ୍ୟତ ତା'ର
ପାରାଙ୍କର ହିଂସ୍ର ଏବଂ ଅଟଳ ଆଖିର
କ୍ଷମାହୀନ ଅଖଣ୍ଡ ମୃତ୍ୟୁରୁ
ଛାଇନିଦ ଭାଙ୍ଗିଗଲା ବେଳେ
ଯେତେବେଳେ ପ୍ରତିଶୋଧ ପରାୟଣ ସ୍ମୃତି ତା'ର
ବୁଲେ ଗଳି ଗଳି, କାଠର ରଣପା ପିନ୍ଧି
ଯନ୍ତ୍ରଣାର ବିମୁଖ ଖରାରେ

ମଲ୍ଲିକା ଫେରିବ ବୋଲି କହିଥିଲା, ଦଶବର୍ଷ ହେଲା
ଫେରିନି ଏ ଯାଏଁ
ସେ ଲୋକ ରକ୍ତରୁ ଧୀରେ କମିଯାଏ କବିତା ଲେଖାର ଅପରାଧ
ବୋଉ ନାହିଁ ଜାଣି ସୁଦ୍ଧା ଆଉଥରେ ଡିସେମ୍ବର ଆସେ

ଦୂରତ୍ୱ

ଆସ ମୋ ପାଖକୁ
ମୁଁ ଦେଖାଇବି
କେମିତି ଏ ଦିନ ସବୁ
ହଣା ହ'ନ୍ତି, ଏକୁଟିଆ ଦେବତାଙ୍କ ପରି
ମୁହଁସଞ୍ଜ ବେଳେ
କେମିତି ଏ ସୂର୍ଯ୍ୟ ଟଳିପଡ଼େ
କଠିନ ଶାସ୍ତିର ସାବ୍‌ଜା ଚଉକିରୁ
ଗଛ ଆଢୁଆଳେ
କେମିତିକା ଜଳିଉଠେ
ରାତିର ବିଛଣା ମୋର
ଖଣିଜ ଉଷ୍ଣତା ଭରା
ନରମ ଓ ନିହତ ଶବ୍ଦରେ

ଆସ ମୋ ପାଖକୁ
ମୁଁ ବାନ୍ଧିଦେବି
ସୁନ୍ଦର ଲୁହକୁ ମୋର
ଜରି କାଗଜରେ, ତୁମ ପାଇଁ
ଏବଂ ଯେତେ କ୍ଷୁଦ୍ର ଗଳ୍ପ
ପରୀ ଆଉ କାଠ କଟାଳିଙ୍କ
ନିର୍ବାସିତ କରିଦେବି
ଦୂର ପାହାଡ଼କୁ

ଆସ ମୋ ପାଖକୁ
ମୁଁ ଶିଖାଇବି
କେଉଁପରି କରିହେବ
ବିଚକ୍ଷଣ ଭୁଲ, ପୃଥିବୀ ପାଖରେ
କେଉଁପରି ମରିହେବ
ଅନେଶୋତ ଭୃତ୍ୟଙ୍କର ପଗଡ଼ି ଓ
ଅସତ୍ କାନ୍ଧରେ ମୂଲ୍ୟବାନ
ପ୍ରାସାଦ ଭିତରେ

କେଉଁପରି ବିକିହେବ
ଧଳାଫୁଲ
ନିସ୍ତରଙ୍ଗ ପବନକୁ
ହଟ୍ଟଗୋଳ ବଜାର ମଝିରେ

ଆସ ମୋ ପାଖକୁ

ଓଃ କାଲି ରାତି

ଓଃ କାଲି ରାତି ସାରା, ବିକଟ ଓ ଭୟଙ୍କର
ସ୍ୱପ୍ନରୁ ବୋଝାଏ କିଏ ଫିଙ୍ଗିଦେଲା ମୋର
ନିଦ ଭିତରକୁ, ତମ୍ପ ସାପ ବିଡ଼ା ପରି
କିଲ୍‌ବିଲ୍ କରିଦେଲା ମୋର ଦମ୍ଭ
ଓ ସ୍ଥାୟିତ୍ୱ ପତଳା ନିଦର

କାଲି ରାତି ସାରା, ଭୀଷଣ ଜରୁରୀ ଗୋଟେ ଖବରର
ଟେଲିଫୋନ୍ ବାଜିଲା ବାଜିଲା, କେହି ଧରିଲେନି
ଓ ସବାଶେଷେ ମୁଁ ଟେକିଦେଲାରୁ
ଆରପଟେ ସ୍ୱର ଶବ୍ଦ ନାହିଁ
ଖାଲି ଖଣିର ଅନ୍ଧାର ପରି ଅମୋଘ ସ୍ତବ୍‌ଧତା

କାଲି ରାତି ସାରା, ସାପ ପିଠି ପରି କଦର୍ଯ୍ୟ
ଓ ଚିତ୍ରିତ ସ୍ୱପ୍ନରେ, ପିଲାଙ୍କୁ କାଖେଇଥିବା ସ୍ତ୍ରୀଲୋକଙ୍କ
ମଝି ରାସ୍ତାଟାରେ, ଅଧା ତଣ୍ଟିକଟା ହୋଇଥିବା
ଛୋଟ ପିଲାଟାଏ ରକ୍ତ ସର ସର ହୋଇ ଗଡ଼ିଯାଏ
ତା'ର ଛୋଟ ଦୁଇ ହାତ ଯୋଡ଼ି, 'ନମସ୍କାର, ନମସ୍କାର' କହି
ତା' ଅକୁତୋଭୟ ବିଦାୟର
ପରିପୂର୍ଣ୍ଣ ସ୍ୱାଧୀନ ବେଳାରେ

କାଲି ରାତି ସାରା, ଚାଳିଶ୍ ବର୍ଷର ସାହିତ୍ୟ ସାଧନା ପରେ
ବାପା ମୋର ବନ୍ଧା ହୋଇଯା'ନ୍ତି
ହାତକଡ଼ି ଲଗାହୋଇ ଥାନା ଭିତରକୁ
ସେ ନିଃଶେଷ ଐତିହର କେଉଁ ଗୋପ୍ୟ ଅପରାଧେ
ମୁଁ ଜାଣେନା

ମୋର ଫୁରସତ କାହିଁ? କାଲି ରାତି ସାରା ମୁଁ ଦୌଡୁଚି
ପ୍ରାଣ ବିକଳରେ। ମୋର ପିଛା ଲାଗିଚନ୍ତି ଦୁଇଜଣ ହୃଷ୍ଟପୁଷ୍ଟ ଲୋକ
ସେମାନଙ୍କ ମୁଣ୍ଡ ଲଣ୍ଡା, ଅବଶିଷ୍ଟ କେରାଏ ବାଳରେ
ଗେଣ୍ଡୁ ଫୁଲଟାଏ ବନ୍ଧା ଓ ମୁଁ ଛାଟିପିଟି ହୋଇ
ପଶିଗଲେ ଜଣକ ଘରକୁ

ସେଠି ଉଗ୍ର ଓ ବିଶାଳ ଏକ କାଳିଆ କୁକୁର
ମତେ ଗର ଗର ହୋଇ କହେ, 'ଯାଅ ଏଠୁ
ଏଠି ଘର ଖୋଲା ନାହିଁ, ଏଠି ସବୁ ତାଲା ଦେଇ
ଗୃହ ସ୍ୱାମୀ କେଉଁକାଳୁ ଯାଇଚନ୍ତି ଦୂର ବିଦେଶକୁ'

ଓଃ କାଲି ରାତି ସାରା

ବିଚ୍ଛେଦ

ଆମେ ଯେବେ ଛାଡ଼ିଯାଉ ଜଣାଶୁଣା ସହର ଆମର
ଦୋଦୋପାଞ୍ଚ ମେଘ ଆସ୍ତେ ଭାସିଯାଏ
ଅପାସୋରା ବଜାର ମଝିରେ

ଅଳ୍ପ ଅଳ୍ପ ଖରା ପଡ଼େ ତୁମକଥା ମୋ କଥା ଭିତରେ
ଧୂଆଁ ପରି ଘେରିଯାଏ ଗୀତ
ଗାଢ଼ ଓ ତୈଳାକ୍ତ ଫୁଲ ଖସିପଡ଼େ ମଟର ପଛରୁ
ପିଲାମାନେ ଧାଡ଼ିବାନ୍ଧି ବୁଲିଯାନ୍ତି ଶୀତଦିନ ଆଡ଼େ

ଆମେ ଯେବେ ଛାଡ଼ିଯାଉ ଜଣାଶୁଣା ସହର ଆମର
ପବନ ଅପେକ୍ଷା କରେ, ଯେପରିକି ଆଦେଶ କାହାର
ମନେ ଅଛି ? ଯଦିଓ ସଂକ୍ଷିପ୍ତ କିନ୍ତୁ କି ନିଷ୍ଠୁର ଏକ ଉପଚାର
ମିଳାଇଲା ମତେ ଓ ତୁମକୁ
ପ୍ରେମ ମରି ପଡ଼ିଥିଲା ହଳଦିଆ କୁଟା ବିଛଣାରେ

ଆସ ମୋ ପାଖକୁ ଆସ
ଥରଟେ ସୁଯୋଗ ଦିଅ ଶିଷ୍ଟତାକୁ
ହେଉ କି ନ ହେଉ ଲେଖି ସୂର୍ଯ୍ୟାସ୍ତର ପୋଡ଼ା ଅଂଗାରରେ
ନିର୍ବାସିତ ଗଳ୍ପ ମୋର । ମୋ ଗଳ୍ପର ରୂଢ଼ ବଗିଚାରେ
ରକ୍ତାକ୍ତ ଚଢ଼େଇ ପରି କଲବଲ ଶବ୍ଦ ପବନର

ଆମେ ଯେବେ ଛାଡ଼ିଯାଉ ଜଣାଶୁଣା ସହର ଆମର
ପିଲାମାନେ ଶୋଇଥାନ୍ତି ମୌନ ଏବଂ ଆମୋଘ ନିଦରେ
ଭଙ୍ଗ ପ୍ରତିଜ୍ଞାର ସୁଖ, ଆସ୍ତେ ଡାକେ ପୁରୁଣା ଲୋଭକୁ
ହାଡ଼ ପରି ନିଶବ୍ଦ ଓ ଫାଙ୍କା ଦିଗ୍‌ବିଜୟେ

ଆମେ ଯେବେ ଛାଡ଼ିଯାଉ ଆଖି ଅପହଞ୍ଚ ଅଭିଜ୍ଞତା
ଅସ୍ତିତ୍ୱର ଚିରାପ୍ୟାଣ୍ଟ
ଖାଲି କିଛି ଦୂଷିତ ଶବ୍ଦଙ୍କ
ଗହଣରେ ଆମେ ଯେବେ ଟପିଯାଉ
ପରାଙ୍ମୁଖ ଦିନରାତି, ଉଦ୍‌ଭାସିତ ଜଳର ସନ୍ଦେହ
ତା'ପରେ ତୁମେ ଓ ମୁଁ ଓ ଆମର ହାତ ପାଆନ୍ତାରେ
ଜରିକାଗଜରେ ସଜା କଣ୍ଢେଇଙ୍କ ଲମ୍ବା ଦିଗ୍‌ବଳୟ

ଅତର୍କିତ ଖରା

ତଥାପି ସେ କହିଥିଲା
ଖୋଲି ଦେବ ଅନ୍ତରଙ୍ଗ ରୂପ
ବ୍ୟକ୍ତିଗତ ପ୍ରଭେଦର ଚନ୍ଦ୍ର କିରଣରେ
ତଥାପି ସେ କହିଥିଲା
ଆଣିଦେବ
ଆକାଂକ୍ଷା ମଧୁର ନିର୍ମଳତା
ପ୍ରୟୋଜନ ନ ଥିବା ଗଳ୍ପରେ

ପ୍ରତ୍ୟେକ ହୃଦୟେ ଥିଲା ଧନୁଶର
ପ୍ରତ୍ୟେକ ଆଖିରେ ଏକ ଚିତ୍ରପଟ
ରକ୍ତ ସରସର ସାମ୍ରାଜ୍ୟର
ପ୍ରତ୍ୟେକ ରାତିରେ ଏକ କ୍ରୂର ଗୀତ
ବୁଲେ ଗଳି ଗଳି
ରାତି ପାହିଗଲେ ଦିଶେ
ଭଙ୍ଗାକାଚ ପରିକା ସକାଳ

ତଥାପି ସେ ଡାକିଥିଲା ଆଖିଠାରି
ଆବିଷ୍କାର ଲାଗି
ସୁଠାମ ଶବ୍ଦକୁ ଯୋଡ଼ି କରିବାକୁ ଦୀର୍ଘ ହଂସଧ୍ୱନି
ତଥାପି ସେ ରାଜି ଥିଲା ମନଗଢ଼ା ଶବ୍ଦ ଭାଙ୍ଗିଗଲେ
ପ୍ରଫୁଲ୍ଲ କନ୍ଦୁକ ପରି ନାଚିବାକୁ

କାନ୍ଦ କାନ୍ଦ ଖେଳ ପଡ଼ିଆରେ
ଅବଶ୍ୟ ଆସିଲା ସିଏ
ଅତର୍କିତ ଖରାର ଜାହାଜେ
କ୍ଳାନ୍ତି ଓ ଗର୍ବରେ ଗଢ଼ା ଏତେ ବେଶି ଲମ୍ବା ଗୋଡ଼ହାତ
ଯେ ତାକୁ କୋଳରେ ଧରି
ଆଣ୍ଠୁ ତଳୁ ହାଣିଦେବା ପାଇଁ
ରାଜି ଥିଲା ଆଲିଙ୍ଗନ
ଖାଲି ସେଇ ନିଷ୍ପତ୍ତିର
ଧରା ବନ୍ଧା କୌତୁକ ବ୍ୟତୀତ

ମଲ୍ଲିକା: ସଂଳାପ

- ଥରେ ଦେଖ

- ନା ଥାଉ, ମୁଁ ଆଜୀବନ ନତମୁଖ

- ମାତ୍ର ଥରଟିଏ ଚାହଁ। ମୁଁ ଦେଖେ
ସେ ନିରାପଦ ମୁହଁ। ବାରବର୍ଷ
ବିଚ୍ଛେଦର ମେଘ ଓ ବିଜୁଳି
ସ୍ପନ୍ଦନ ଓ ଅଙ୍ଗୀକାର, ଆଲୋକ ତମସା
ତା' ଭିତରେ କେତେ କ'ଣ ଯାଇଚି ବଦଳି

- ଲାଭ କଣ ?

- କିଶୋରୀରୁ ପରିଣତ ନାରୀ
କ୍ଳାନ୍ତ କି ସ୍ତିମିତ ଆଜି
ଆଖିର ତାରାର ଆଭା
ନା ସେଇ ଅପାପବିଦ୍ଧ ଅମ୍ଳାନ ପ୍ରତିଭା
ପୂର୍ବପରି ? ମୁଁ ଥରଟେ ଦେଖେ

- କି ଆଶ୍ଚର୍ଯ୍ୟ, ତଥାପି ବି ଦୁଃଖ ନାହିଁ
ପାପବୋଧ ନାହିଁ
ଖାଲି ଏକ ଚିରସ୍ଥାୟୀ କୌତୂହଳ
ଏ କ'ଣ ଭାସ୍ୱର ପ୍ରେମ
ନା ଅନ୍ତିମ କୌତୁକ ତୁମର ?

– ଦିନ ଥିଲା, ପୃଥିବୀକୁ ଆଢୁଆଳ କରି
ମୋର ଜାଗରଣ ସାରା ପଡ଼ିଥିଲା
ତୁମଠା'ରୁ ବିଛୁରିତ, ଗାଢ଼ ହଳଦିଆ
ଏକ ମାୟାବୀ ଆଲୁଅ
ବିହ୍ୱଳ ନଦୀର ଦେହେ ଯେମିତି ସୂର୍ଯ୍ୟାସ୍ତ

– ଥାଉ, ମୋର ଶୁଣି ଲାଭ ନାହିଁ
ମଲା ପ୍ରଜାପତି ପରି ସ୍ମୃତି
ବଡ଼ ହାଲ୍‌କା ମଳିନ ଅଳୀକ
ଧରୁ ଧରୁ ଖସିପଡ଼େ, ଚୂନା ହୋଇଯାଏ
ମୋର ଆଉ ସ୍ପୃହା ନାହିଁ

– ଦିନ ଥିଲା, ଯେତେବେଳେ ଗଳ୍ପ ଥିଲା
ଅଲୌକିକ ରାଜତ୍ୱରୁ ବନବାସଯାଏ
ତା'ପରେ ଆସିଲା ଏକ ଅଦୃଷ୍ଟ, ଯାହାର
ଅର୍ଥ ସୁଦ୍ଧା ଅଗୋଚର, ଓ ଯିଏ
ଲିଭାଇଦେଲା ଝଲମଲ ଦୀପାବଳୀ ଆମ
ଫିଙ୍ଗି ଦେଇ ବାଲିରୁ ମୁଠାଏ

– ଚୁପ୍ କର, ଦ୍ୱାହି ତୁମ
ମୁଁ ଜଣେ ସାମାନ୍ୟ ଝିଅ
ମୋର କ'ଣ କ୍ଷାନ୍ତି ନାହିଁ, ଶାପମୁକ୍ତି ନାହିଁ

– ପୃଥିବୀକୁ ଦୁଃଖ ଦେଲା ପରି ତୁମ ରୂପ
କବିକୁ ନିରସ୍ତ୍ର କରେ
ଇୟେ କ'ଣ ସାମାନ୍ୟତା ?

– ପୁଣି ସେଇ ଲୋଭ, ସମ୍ମୋହନ
ବାରବର୍ଷ ପୂର୍ବର କୌଶଳ ?

– ଦେଖ, ଏଠି ବିଦେଶରେ
ନିଃଶବ୍ଦ ବରଫ ପଡ଼େ
ଏଠି ମୋର ଦେହ ନାହିଁ, ମୁହଁ ନାହିଁ
ଏଠି ମୋର ଛାଇ ସୁଦ୍ଧା ପଡ଼େ ନାହିଁ
ନିରୁତ୍ତାପ ଆଲୋକ ଭିତରେ

– କାହିଁକି ଆସିଚ ତେବେ ?

– କୌଣସି ପ୍ରତ୍ୟାଶା ନାହିଁ
ଲୋଭ ନାହିଁ, ଅଧିକାର ନାହିଁ
କ୍ଷୀଣ ପବନର ପରି
ମୋ କବିତା ନିଃଶେଷ ଜର୍ଜର
ଖାଲି ଏକ ସାଧାରଣ ଝିଅର ରହସ୍ୟ
ଜୀବନ ଓ ଯତିପାତ ଦୁହିଁଙ୍କୁ ଆବୃତ କରି
ରହିଯାଏ

– ପୁଣି କି ରହସ୍ୟ ?

– ମୋର ଇଚ୍ଛାହୁଏ ପଚାରିବି
ତୁମ ପାଖ ପଡ଼ୋଶୀଙ୍କ ନାମ
ତୁମ ଘରକରଣାର ଛୋଟ ସୁଖ ଦୁଃଖ
ଖରା ବର୍ଷା ଋତୁ ଆବର୍ତ୍ତନ
ତୁମ ରାତି କ'ଣ ନିଦ୍ରାହୀନ, ନିଦ କ'ଣ ସ୍ୱପ୍ନହୀନ
ସ୍ୱପ୍ନର ବି ରଙ୍ଗ କ'ଣ,
ତୀବ୍ର କି ମଳିନ ?
ତୁମେ କ'ଣ ହିମଯୁଗ
ନା କୌଣସି ଆର୍ଦ୍ରଉଷ୍ଣ ଦାବି
ଏବେ ବି ତୁମର ନିଃଶ୍ୱାସ ସଚଳ କରେ
ବେଳେ ବେଳେ

– ତୁମେ ଫେରିଯାଅ। ମୁଁ ଜାଣିନି ଏତେ କଥା
ମୁଁ ଜାଣିନି ସୁଖ କ'ଣ
ମୋର ବଡ଼ ସରଳ ଓ ରୈଖିକ ଜୀବନ
ସେଥିରୁ ବିଚ୍ୟୁତି ହେଲେ ଦୁଃଖ, ଅବତଳ
ମୋ ନିଦରେ ସ୍ୱପ୍ନ ନାହିଁ, ସ୍ୱର୍ଗ ନର୍କ ନାହିଁ
ମୋର ନିଦ ସୁସ୍ଥ, ଏକୁଟିଆ
ସେଠି ଅନ୍ଧକାର ଭିତରେ ଅନ୍ଧାର

ଖରା

ଖରାରେ କଅଣ ବଢ଼େ ?
ଶୋକ ସ୍ମୃତି ପ୍ରତିଶୋଧ
ଓ କୁଙ୍କୁମ ରଙ୍ଗର କ୍ରୂରତା
ଖରାରେ କଅଣ ପୋଡ଼େ ?
କଣ୍ଟା କଣ୍ଟା ଛାଇନିଦ
ଜିଦ୍‌ଖୋର ଝାଳର ଯୌନତା
ଖରାକୁ କିଏସେ ଛୁଏଁ ?
ନିହତ ବିଦୂଷକର
ଖର୍ବ ଓ ତାଡିଲା ଛାଇ
ଖରାରେ କିଏସେ ଡିଏଁ ?
ଟିଣ ଛାତ ଉପରେ ବିଲେଇ

ତୁମେ ଥରେ ଆସିଥିଲ ଖରାବେଳେ ଘରକୁ ଆମର
ସୂର୍ଯ୍ୟଶିଖା ରଙ୍ଗର ଶାଢ଼ିରେ, ଦେହ ତୁମ ଜଳୁଥିଲା
ମୁଁ ତେଣୁ ତା ପରିଧି ବାହାରେ ରହିବାକୁ ବାଧ୍ୟ ହେଲି
ସେତେବେଳେ ଆବହାୱା ଥିଲା ଏକ ଅନ୍ଧବିଶ୍ୱାସର
ଜହ୍ନର ଦୁର୍ଭିକ୍ଷ ଥିଲା ରାତି ସାରା, ହାୱାର ପ୍ରେତାତ୍ମା
ଦେବଦାରୁ ଗଛର ସନ୍ଧିରେ ଗୁମ୍ ହୋଇ ବସୁଥିଲା ଦିନଯାକ
ସହରର ଫାଟକ ପାଖରେ, ସିଂହୀର ଶରୀର ଥିବା ନାରୀ ଏକ
କରୁଥିଲା ଅନେକ ଅଜବ ପ୍ରଶ୍ନ
ଓ ଏକ ଅପରିଚିତ ବ୍ୟାଧିର ଭୟରେ

ପ୍ରାୟ ବନ୍ଦ ରହୁଥିଲା ଅଧିକାଂଶ ଦୋକାନ ବଜାର
ତୁମେ ଥରେ ଆସିଥିଲ ଖରାବେଳେ, ତୀବ୍ର ଖରା ପରି
ମୋ ଦରବୁଜା ଏକାକୀତ୍ୱ ଭିତର ଅନ୍ଧାର
ପୋଡ଼ି ନାରଖାର କରି
କିଛି କେବେ ନ ଦେବାର ରଡ଼ ରଡ଼ ଲୋଲୁପ ଖରାରେ
ତୁମେ ଥରେ ଆସିଥିଲ, ସୂର୍ଯ୍ୟାଶିଖା ରଙ୍ଗର ଶାଢ଼ିରେ
ଝଲସାଇ ମୋ ଦେହର ଦୀପଲିଭା ଝାପ୍‌ସା ଘରକୋଣ
ତୁମେ ଆସି ଚାଲିଗଲ
ଗୌଣ ଅନୁଭବ ଯେତେ, ସରିଗଲା
ଓ ଏକ ଅମୀମାଂସିତ ପ୍ରଶ୍ନ ପରି, ଖରା ରହିଗଲା

ଖରାରେ କଅଣ ମରେ ?
ଉଜ୍ଜ୍ୱଳ ଲୋଚନା ନଈ
ଅନିଶ୍ଚିତ ଘାସ
ଖରାରେ କଅଣ ଥରେ ?
ଉଷୁମ ପଥର ପରେ
ଆନ୍ଦୋଳିତ ହାଓ୍ୱାର ନିଶ୍ୱାସ
ଖରାରେ କଅଣ ପୋଡ଼େ ?
ଫୁଲଙ୍କ କଇଁଥା ଦେହ
ଦରସିଝା ମାଟି
ଖରାରେ କଅଣ ବଢ଼େ ?
ଶୋକ ସ୍ମୃତି ପ୍ରତିଶୋଧ
କୃଷ୍ଣଚୂଡ଼ା ରଙ୍ଗର ଅଶାନ୍ତି

ଦିନକୁ ଦିନ

ମୁଁ ତ ଦିନକୁ ଦିନ
        ଗଲି ନଷ୍ଟ ହୋଇ
ମତେ ଯେ ଭଲ ପାଏ
ମନେ ତା ଜାଣିଶୁଣି କଷ୍ଟ ଦେଇ

ଯେମିତି ନଷ୍ଟ ହୁଏ
        ଗଛର ଫଳ
ଥରେ ପଡ଼ିଲେ ତଳେ
ଯେମିତି ନଷ୍ଟ ହୁଏ
        କୂଅର ଜଳ
ପରିତ୍ୟକ୍ତ ଘରେ
ସେମିତି ରହି ରହି କଷ୍ଟ ପାଇ
ମୁଁ ତ ଦିନକୁ ଦିନ
        ଗଲି ନଷ୍ଟ ହୋଇ

ଯେମିତି ନଷ୍ଟ ହୁଏ
        ଚିଠିର ଲେଖା
ପଡ଼ି ଲୁହର ଦାଗ
ଯେମିତି ନଷ୍ଟ ହୁଏ
        ଶ୍ରାବଣ ମାସ
ଯଦି ନ ଆସେ ମେଘ
ସେମିତି ରହି ରହି କଷ୍ଟ ପାଇ
ମୁଁ ତ ଦିନକୁ ଦିନ
        ଗଲି ନଷ୍ଟ ହୋଇ

ମତେ ଯେ କହିଥିଲା
ଫେରିବ ବୋଲି
ସିଏ ଦୂରଗାମୀ
ଦୁଃଖର ହାତ ପାଖେ
ଖେଳନା ହୋଇ
ଅଛି ଏକା ମୁହିଁ
ସେମିତି ରହି ରହି କଷ୍ଟ ପାଇ
ମୁଁ ତ ଦିନକୁ ଦିନ
କଗଲି ନଷ୍ଟ ହୋଇ

ହାଇୱେରେ ଟ୍ରକ୍ ଯାତାୟାତ

ସମ୍ଭବତଃ ସବୁ ଥିଲା । ଛେଳିର ବିକୃତ ଶବ୍ଦ, ମାଟିର ଗର୍ଭରେ ଚେର
ଫୁଲଗଛ ତଳେ ଥିବା ବ୍ୟକ୍ତି, ହୃଦୟ କନ୍ଦର ଭରା ଦୁଃଖ
ଗଲା ଓ ଆସନ୍ତା କାଲି, ଯେ ନିଷ୍କ୍ରାନ୍ତ ଓ ଯେ ଆଗନ୍ତୁକ
ସମ୍ଭବତଃ ସବୁ ଥିଲେ, ଖାଲି ଅଳ୍ପ ଧୈର୍ଯ୍ୟର ବ୍ୟତୀତ
କିପରି ରୁହନ୍ତା ଧୈର୍ଯ୍ୟ ? ଅଦୂରସ୍ଥ ହାଇୱେ ଉପରେ, ଏତେ ବେଶି
ଟ୍ରକ୍ ଯାତାୟାତ । ଏତେ ବେଶି ଟ୍ରକ୍ ନିରନ୍ତର
କେଉଁଠାକୁ ଯାଏ ଆସେ ? କି ପ୍ରଚଣ୍ଡ ନିଷ୍ଠୁର ଶବ୍ଦରେ କାନ୍ଥ ଥରେ
ହାଡ଼ରେ ବାଜଇ ହାଡ଼, ଆସ୍ତେ ଯାଏ ସବୁ ଝାପ୍‌ସା ହୋଇ
ପୋଲ ତଳେ ଭାଙ୍ଗେ ନଈ, ନବଖଣ୍ଡ ଜଳର କଣ୍ଢେଇ

ଯେତେବେଳେ ତୁମେ ବସିଥିଲ ଚୌକି ପରେ, କି ଉଜ୍ଜ୍ୱଳ ଦିଶୁଥିଲ ତୁମେ
ଯେତେବେଳେ ତୁମେ ବସିଥିଲ ପିଠି କରି, ଲୁହରେ ଜର୍ଜର ଉଚ୍ଚ ସୌଧମାଳା
ତୁମେ ଯେବେ ବସିଥିଲ ତୁମ ପରି (ଆହା କେତେ ମେଳାପୀ ବାଳିକା
ଟିକେ ଆଡ଼ମ୍ବର ନାହିଁ, କି ସରଳ) ତୁମେ ଯେବେ ବସିଥିଲ ଏକା ଏକା
ସମ୍ଭବତଃ ପବନର ଛଡ଼ା ଆଉ କେହି ନ ଥିବାରୁ ସେତେବେଳେ
ମୁଁ ତୁମକୁ ଯାହା କରିଥାନ୍ତି, ତତ୍‌କ୍ଷଣାତ୍ ଟ୍ରକ୍ ଆସିଗଲା, ହାଇୱେରେ
କି କୁତ୍ସିତ ନିଷ୍ଠୁର ଶବ୍ଦରେ ତୁମେ ଗଲ ଝାପ୍ସା ହୋଇ । ଯାହା ବ୍ୟକ୍ତ
ଯା ଅନୁଚ୍ଚାରିତ, ଗଲା ଓ ଆସନ୍ତା କାଲି, ପ୍ରଦୋଷ ପ୍ରଭାତ
ସବୁ ହେଲା ଏକାକାର । ଏତେ ବେଶି ଟ୍ରକ୍ ଯାତାୟାତ

କେଜାଣି କିଏସେ କରେ ? ରାତି ସାରା ହାଇୱେ ଉପରେ
ଆଲୁଅର ସ୍ତମ୍ଭ ଭାସିଯାଏ ଘଣ୍ଟାକରେ ସତୁରି ମାଇଲ୍
ରାସ୍ତାର ଗର୍ଭରୁ ଫେରେ ଉଦ୍‌ଭାସିତ ପ୍ରତିରୋଧ, ଗଛ ଜଳେ
ମୁହୂର୍ତ୍ତକ ପାଇଁ ପତ୍ରର ପ୍ରଶିରା ଦିଶେ, ବିମୂଢ଼ ଗାଈର ଆଖି
ଆଲୋକ ଫେରାଇ ଦିଏ ତତ୍‌କ୍ଷଣାତ୍। ଓ ତା'ପରେ ଅଧୈର୍ଯ୍ୟତା
ରାସ୍ତାକୁ ହାଲୋଳ କରି ଭାସିଯାଏ ଘଣ୍ଟାକରେ ସତୁରି ମାଇଲ
ମୋ ନିଦ ଭିତରେ ତା'ର କଲ୍‌ବଲ୍ ଦ୍ୟୁତି ପଡ଼େ, ହାଇୱେ ଉପରେ
ସ୍ମୃତି ଆସି ଛିଡ଼ା ହୁଏ ଧଳା ଶାଢ଼ିପିନ୍ଧା ସୁନ୍ଦରୀ ପ୍ରେତାତ୍ମା ପରି
ଏକୁଟିଆ ରାତି ତିନିଟାରେ ହାତଟେକେ ଟ୍ରକ୍ ରୋକେ ନାହିଁ
ଏତେ ବେଶି ଟ୍ରକ୍ ଯାଏ ସାରା ରାତି କେଉଁ ସମ୍ମତିର
ଧଳା ଅନ୍ଧକାର ଟପି, କି ଅଲଂଘ୍ୟ ନିର୍ଦ୍ଦେଶକୁ। ବୋଝ ଲଦି ଖଣିଜ ଶବ୍ଦର

ଶବ୍ଦ ବଢ଼େ ସ୍ତମ୍ଭ ପରି ଉତ୍ପୀଡ଼କ, ନିଦା ଓ ଘର୍ଘର। ଶବ୍ଦ ଉଡ଼େ
ହାଇୱେ ଉପରୁ ବ୍ୟାପ୍ତ କରି ଚରାଚର, ତେଜସ୍କ୍ରିୟ ମେଘ ପରି
ଢାଙ୍କି ଦେଇ, ଆମର ମୃଣ୍ମୟ ପ୍ରେମ ଠକ୍ କରି ଭାଙ୍ଗିବାର ମୃଦୁ ଶବ୍ଦ
ଶବ୍ଦ ତୁମ ନିର୍ନିମେଷ ଶେଷ ଚାହାଣିର, ମୋର ନିଶବ୍ଦ ଲୁହର
ଏବଂ ଆଉ ଯେତେ ସତମିଛ ଶବ୍ଦ ଆମ
ତା' ପରେ ବି ବଞ୍ଚି ରହିବାର। ସବୁ ଆଡୁଆଳ କରି
ଟ୍ରକ୍ ଯାଏ ହାଇୱେ ଉପରେ, ଏତେ ବେଶି
ଟ୍ରକ୍ ଯାତାୟାତ କେଜାଣି କିଏସେ କରେ

ମୁଁ ଜାଣେ ସେ ଟ୍ରକ ମାଲିକଙ୍କୁ। ନିରୂପିତ ସୂର୍ଯ୍ୟ ଓ ଅନ୍ଧାର
ଯାହାଙ୍କର ବାରନ୍ଦାରେ ସ୍ନେହାସ୍ପଦ ପାଳିତ କୁକୁର
ଧଳା ଓ ଅବ୍ୟକ୍ତ ଏକ ପ୍ରତୀକ୍ଷା ଯାହାଙ୍କ ବାସଗୃହ
ଯାହାଙ୍କର ସେମେଟା ଜୋତାର ଘୋଷରା ହେବାରେ ଅଛି
ଝଡ଼ର ପୂର୍ବ ମୁହୂର୍ତ୍ତ। ସେ ଅଧ୍ୟବସାୟୀ ବ୍ୟକ୍ତି, ଛିଡ଼ା ହନ୍ତି
ପୃଥିବୀକୁ ପିଠି କରି। ଚିରନ୍ତନ ସୂର୍ଯ୍ୟାସ୍ତ ତାଙ୍କର ମୁଖାକୃତି
ଏବଂ ହାଡ଼ର ବଂଶୀରେ, କି ଅଦ୍‌ଭୁତ ଗୀତ ଗାଇ ସେ ଡାକି ଆଣନ୍ତି
ହାଇୱେରେ କରାଳ ଚିତ୍ରଙ୍କ ଶୋଭାଯାତ୍ରା
କି ବିକଟ ନିଷ୍ଠୁର ଶବ୍ଦରେ ଟ୍ରକ୍ ଆସେ ଯାଏ

ରାସ୍ତା ଥରେ ମାଟି ଢୁଲ୍‌କେ ଚୂନାହୁଏ ପାଣିର
ସଚଳ ମୁହଁ। ସଶବ୍ଦରେ ଚିରିଯାଏ ନୂଆଲୁଗା ପରିକା ପବନ
ହାଇୱେ ଉପରେ ଟ୍ରକ୍ ଚାଲିଗଲା ବେଳେ
ଦୁର୍ବିଷହ ଶବ୍ଦର ଧକ୍‌କାରେ, ସମ୍ପର୍କ ଭୁଶୁଡ଼ି ପଡ଼େ
ଫାଶିଦିଆ ଲୋକ ପରି ଟେଲିଫୋନ୍ ଝୁଲିପଡ଼େ
ନିର୍ଲୋଭ ହାତରୁ। ତୁମେ ନିର୍ବାସିତ ହୁଅ ମୋର ଅଭ୍ୟାସର
ସାରାଂଶରୁ, ଅଭ୍ୟାସ ନିଶ୍ଚିହ୍ନ ହୁଏ ଜୀବନରୁ
ଆଉ ଜୀବନ ବିମୁକ୍ତ ହୁଏ ବଞ୍ଚିବାର ସ୍ପର୍ଶ ଓ ତର୍କରୁ

ଏଣିକି କେବଳ ଶବ୍ଦ, ବିକଟ ଓ ଅର୍ଥ ବିବର୍ଜିତ
ସେ ଶବ୍ଦର ବଜ୍ରପାତ ବେଳେ, ତୁମେ ଝାପ୍‌ସା ହୋଇଯାଅ
ସମାପ୍ତିର ଧୂଳି ଓ ଧୂଆଁରେ। ମୁଁ ମୋ ହାଡ଼ ମାଂସରୁ ବାହାରି
ତୁମକୁ ଦେଖିବା ଲାଗି ଅନ୍ତିମ ପ୍ରଚେଷ୍ଟା ଯାହା କରିଥାନ୍ତି
ତତ୍‌କ୍ଷଣାତ୍ ଟ୍ରକ୍ ଆସିଯାଏ
ମୋ ଉନ୍ନତ ମୁହଁ ଆସ୍ତେ ଫାଟିଯାଏ କଞ୍ଚାମାଟି ପରି
ଆଖି ନାକ ଆଲିଙ୍ଗନ କର୍ତ୍ତୃତ୍ୱ ଭରସା, ଖସିପଡ଼େ
କାଦୁଅ ଭିତରେ। ସେ ସବୁକୁ ଅବଶେଷେ ଖୋଜି ପା'ନ୍ତି
କୀଟ, ପାଣିପାଗ

ହାଇୱେରେ ଟ୍ରକ୍ ଗଲାବେଳେ

Devdas Chhotray, born on 25 November 1946, is a poet, and also a writer of short stories, screenplays and film lyrics. Educated at Ravenshaw College, Cuttack and Cornnel University in the USA, he is a member of the Indian Administrative Service, and also the first Vice Chancellor of the Ravenshaw University. His sustained association with film societies and film schools such as the 'Celluloid Chapter' in Jamshedpur, and the Film and Television Institute of India in Pune is evident. Apart from his debut 'Nila Saraswati'(1984), his other poetry anthologies comprise, 'Mallika'(2014), 'Hati Saja Kara'(2008), 'Dekhichi Dekhini'(2016) and 'Deergha Swasha'(2018). The trans-creations of his 'Mallika' poems by the eminent Odia painter Prafulla Mohanty has been published as 'Longing'(2004) in London. His short story collections 'Laal Macha'(1989), 'Ramaku Maribara Panchati Upaya'(2015) and a novella 'Chumbana'(2014), written in the backdrop of Ravenshaw College have earned critical acclaim. An anthology of his poems in Hindi translation 'Ret ki Sidhi' was published in Delhi in 2004. Devdas Chhotray Currently lives in Cuttack and Delhi.

www.ingramcontent.com/pod-product-compliance
Lightning Source LLC
Chambersburg PA
CBHW020416080526
44584CB00014B/1350
* 9 7 8 1 6 4 5 6 0 0 3 6 7 *